サムスンは生き残れるか

逆境の韓国経済

細川幸太郎

日本経済新聞出版

はじめに

アジア最強企業、猛烈に働くエリート集団、ニッポン電機敗戦の元凶――。

そんな言葉で語られてきた韓国サムスン電子を、私が取材することになったのは2019年夏だった。当時は元徴用工の賠償問題をきっかけに日韓関係が戦後最悪と言われ、韓国で反日世論が盛り上がっていた時期と重なる。両国の政治対立が民間企業の事業活動にも波及し、日本メディアの取材に対しても風当たりが強まっていた。

そんな中でも韓国最大財閥のサムスングループは私たちの取材活動に丁寧かつ冷静に対応してくれた。発言を引用報道しないオフレコ前提ではあったものの、多数の経営幹部との意見交換の場でサムスンの内情や苦悩についても率直に語ってくれた。

そうした取材で浮かび上がったのは、事業環境が激変する中でかつての成長力を取り戻すためにがむしゃらに社内改革を進めるサムスンの姿だった。そこには韓国最大財閥の余裕はなく、焦燥感すらにじんでいた。ただ、売上高30兆円の巨艦企業は簡単には動かない。「前例がなければGOサインは出せない」「社内の階層が多すぎて決断できない」――。サムスン内部の声を聞けば聞くほど、まるで一昔前にリストラに追われた日本の電機大手を取材しているような感覚に陥った。

首位の座を奪われるサムスン

サムスングループの経営を巡っては、カリスマと呼ばれた2代目の李健熙《イ・ゴンヒ》氏が14年5月に病に倒れ、長男で3代目の李在鎔《イ・ジェヨン》氏が実質トップとなって10年が過ぎた。

李健熙氏が率いた1990年代、2000年代のサムスン電子はテレビや半導体メモリー、ディスプレーなど日本の電機大手の得意分野で頭角を現し、日本勢からシェアを奪ってエレクトロニクス産業の頂点に立った。スマートフォン（以下、スマホ）やテレビ、半導体メモリーで世界首位となった。

しかし各分野でトップランナーとなった後、手本となる模範企業を見失ったサムスンは停滞期を迎えた。半導体市況のサイクルと相関して一定の収益をあげるものの、売上高の伸びは鈍化している。かつて日本の電機業界の経営トップに「憎らしいほど強い」と言わしめたサムスンの貪欲に収益を追い求める姿は鳴りを潜めた。

15年ぶりの深刻な半導体不況となった2023年は、各事業の競争力低下が露呈した年でもあった。
10年以上にわたって維持してきたスマホの世界首位（出荷台数ベース）の座を米アップルに奪われた。さらに世界首位の半導体メモリー「ＤＲＡＭ」の先端品で出遅れた。19年時点で「２０３０年世界首位」を掲げた、受託生産（ファウンドリー）などのシステム半導体でも台湾積体電路製造（ＴＳＭＣ）の背中は遠のいている。家電とディスプレーは中国の競合企業がシェアを高めており、サムスンの主力４事業のすべてで収益力がじわじわと弱まっている。

結果的にサムスン電子の23年12月期の連結売上高は前期比14％減の２５８兆９４００億ウォン（約26兆円）、純利益は72％減の15兆４９００億ウォンに落ち込んだ。24年は半導体市況の回復とともに増収増益に転じた。ただ、先代会長の遺産となる既存事業に収益を依存し、新たな収益源を生み出せていないのがサムスンの積年の課題だ。

サムスンに打ちのめされた日本の電機大手は、この10年余りで事業構造を大きく変革した。総花的な事業ポートフォリオを見直して成長事業を明確にした日立製作所や、エンタメ軸に生まれ変わったソニーグループが代表例で、後に続く三菱電機やパナソニックホールディングスなども低収益事業の切り離しと成長事業への投資を強める。

じりじりと既存事業の競争力が低下するサムスン。日立やソニーのように再び成長軌道に戻せるのか、それとも10年代のシャープや東芝のように経営危機に向かうのか。これからの数年間がサムスンの未来を左右する重要な時期となる。

韓国経済を分析すれば……

そんなサムスンは韓国経済を映す鏡でもある。23年の韓国経済成長率は1・4％と、アジア通貨危機の1998年以来、25年ぶりに日本の成長率を下回った。韓国経済の屋台骨である輸出は、中国経済の停滞と半導体不況によって2022年比7％減の6327億ドル（約90兆円）だった。品目別の増減をつぶさに見ていくと、23年の停滞は一過性ではない。鉄鋼や造船、化学、自動車、ディスプレー、電池などの韓国の得意分野で中国勢が台頭しており、「優良顧客」だった中国がいつの間にか「競合先」となっているためだ。

朝鮮戦争の休戦後に最貧国から出発し、1970年代以降に「漢江の奇跡」と呼ばれる急成長を成し遂げた韓国。財閥中心の急速な経済発展の根底には、日本企業による技術供与があった。そして今度は中国が韓国得意の輸出産業で猛烈にキャッチアップしており、既に日韓をリードする分野も現れ始めた。

韓国の高度成長を支えた財閥企業は上意下達の軍隊式の社風で、厳しい社内競争をテコにグローバル市場で存在感を高めた。しかし、労働組合を支持基盤に持つ革新政権下での労働規制、ワークライフバランス意識の浸透、新型コロナウイルス禍（以下、コロナ禍）による社会の変容を背景に、猛烈に働く20代、30代は減り続けている。

韓国は２０２０年に国内総生産（ＧＤＰ）ランキングで世界10位に到達したものの、23年は13位と後退した。現状の産業構造のままで中国の攻勢にさらされ続ければ、2020年の10位をピークとして今後も順位を下げていくことになりかねない。

そして輸出型の製造業が強く、エネルギーや鉱物資源のほとんどを輸入に頼る日韓の産業構造は相似形といえる。中国の台頭で苦況に陥る韓国経済の姿は、近未来の日本経済の姿に思えてならない。そのため、韓国経済の現状を分析することは日本経済の未来を知るための示唆に富む。

サムスンを先代会長が率い、韓国財閥が日本企業を脅かしていた10年代前半までは「サムスン礼賛本」が数多く出版された。しかし韓国経済が成長の壁にぶつかった今、厳しい現状を踏まえた韓国経済論は日韓ともに見られない。

24年12月の唐突な尹錫悦《ユン・ソンニョル》大統領の「非常戒厳宣言」に端を発し、韓国政治は再び混迷を極める。政治の混乱はやがて経済に波及し、最大財閥のサムスンも影響は避けられない。政治の混乱、経済の停滞で韓国の先行きは一層、見通せなくなった。大きな転換点に立つ韓国経済を外部の目で論じる意義を感じて本書の執筆依頼を引き受けた。

日本の新聞社・テレビ局・通信社のメディア各社が韓国の首都ソウルに支局を置く。ソウル支局では日韓関係や北朝鮮、韓国政治などが主要な取材テーマとなるため、政治や社会を専門分野に持つ記者が派遣されることが多い。その中で日本経済新聞社のソウル支局経済担当記者は、経済を軸として取材し記事を書く役割を担っている。私が韓国経済担当記者として駐在した4年半の総括となる本書で、停滞感が漂うサムスンと韓国経済の現在地を描いた。

※為替レートは10ウォン＝1円、1ドル＝140円とした
※登場人物の肩書は取材時のもの
※写真は筆者撮影

目次

はじめに　3

第1章　3代目の10年　国内政治に翻弄……17

1　涙の懺悔……18
「父を超え、先代よりサムスンを大きくする」　18
財閥創業家は妬みの対象　22
「子どもたちには経営権を譲らない」　25

2　運命の判決……27
天を仰ぐ3代目総帥　27
拘置所ゲートの「希望の始まり」という皮肉　30
「韓国の企業は二流、行政三流、政治は四流」　33

3　経営復帰もリーダーシップ見えず……36

変わらぬ事業構造、成長スピードは鈍化　36
創業家ではない陰の最高実力者　40
サムスンもまた大企業病を患う　44
ゼロからイチ、「創造」が不得手なエリート集団　47

第2章 「10年で全事業がなくなる」先代会長の遺産

「10年で全事業がなくなる」先代会長の遺産……53
1　中興の祖、李健熙氏の死……54
宿敵アップルCEOからの弔花　54
寡黙に本質を突くカリスマ経営者　58
2　躍進の原動力は「グローバル志向」……60
「妻と子ども以外はすべて変えてみよ」、経営方針を大転換　60
1年間の「海外研修」　65
モーレツ社風の確立　67
わずか5年で挫折した事業　69
3　10年で代表製品は消える……70
グループ時価総額80兆円に達したが……　70

李在鎔氏、最大の成果とは　72
安定成長期に入った新事業　74
苦戦を強いられる3つの「未来成長事業」　76
4　創業者の「人材経営」に綻び……82
創業86年目、初の禁忌破り　82
10万人を食べさせる1人の天才を発掘するために　84
9割超が韓国人男性、時間を要す多様化　87
定時に帰宅する20代、モーレツ文化の消失　89
Interview「今のサムスンに必要なのはイノベーション、30年変わらぬ課題」……92
サムスン電子元顧問　福田民郎氏

第3章 世界一高いビルからアカデミー賞まで……99

1　韓国最大財閥、源流は干物貿易……100
三星商会、1938年に創業　100
子5人に承継、財閥が枝分かれ　103
2　オスカー獲得の裏にサムスン……106

4冠の「パラサイト」を支援 106
世界を席巻する韓国コンテンツ、その背景にも 109
一大産業となったK－POPでも一役買うサムスン 112
3 創業家のメセナ活動……116
モネやピカソを含む美術遺産は1兆円超 116
北朝鮮と16世紀の絵画を奪い合い 118

第4章 日本に学べ、韓国企業に通底……123

1 3代にわたる日本留学……124
サムスン電子、三洋電機と出発 124
日本企業との連携、今も深く 130
2 日韓半導体連合を揺らした安倍政権の奇策……132
想定を上回る韓国の反発 132
日本企業へのブーメラン、未来にも影響 137
韓国の政治やメディアにはびこる「ヌンチ」 141
3 鉄・車・ラーメンも、日本から技術移転……145

韓国では評価されない真実の経済史 145
韓国産業界の源流、浦項総合製鉄の誕生 147
日韓鉄鋼マンの「遺言」 151
政治対立に揺れない産業協力を 160

第5章 背後に迫る中国企業、歴史は繰り返す

第5章 背後に迫る中国企業、歴史は繰り返す …… 163
1 中国でサムスンのコピー工場計画 …… 164
被告席にはサムスン元常務 164
技術流出、検察の立証ハードル高く 168
中国企業への転職、後を絶たず 170
2 技術流出は半導体以外でも …… 172
「3年間、年俸3倍」で引き抜き 172
流出先は中国だけではない 175
韓国も技術を奪われる側に 178
M&Aも監視対象へ、高まり続ける難度 180
3 週末バイト、2泊3日で報酬50万円 …… 182

自宅電話に突然の着信　182
「売国奴」と呼ばれても転職する理由　184
4　ケタ違いの30兆円投資表明……188
勃興サムスン半導体都市　街まるごと造成　188
平沢の次、投資30兆円計画も浮上　193

第6章　「上得意先」中国の変化

……199
1　韓国の輸出先、20年ぶり米中逆転……200
「安米経米」への転換　200
現代自動車の中国3工場売却の衝撃　204
中国市場に苦悶する韓国財閥　206
2　中国は自前供給網構築へ……209
「中国製造2025」が一定の成果　209
中国国産化、その本丸とは　212
半導体供給網で中国はずし　214
3　脱中国に動く韓国財閥……217

高まるインドへの期待　217
ベトナム皮切りに日本の牙城・東南アジアを攻略　220
4　防衛・原発で特異な立ち位置……224
武器輸出、ウクライナ侵攻で急拡大　224
脱原発は「バカげた政策」、原発再拡大を進める韓国　228

第7章　韓国経済蝕む静かな危機……231

1　止まらぬ少子化、出生率0・72の実相……232
従来型の社会通念とSNS、若者の生きづらさと不安を増幅　232
小3塾代、月30万円超　236
かつては人口爆発が社会問題　241
2　老若男女それぞれの「生きづらさ」……245
高齢者貧困率はOECD最悪　245
「剥奪感」に下向く若年層、そして韓国社会　249
3　「国家均衡発展」の幻想……253
五輪開催地は寒村に逆戻り　253

造船の島は外国人頼み　255
黄昏の第２都市・釜山の現在地　260

おわりに　265
参考文献　268

李在鎔氏は国民に向けて謝罪会見を開いた（2020年5月）

第 1 章

3代目の10年
国内政治に翻弄

1　涙の懺悔

「父を超え、先代よりサムスンを大きくする」

２０２０年12月30日。最低気温マイナス13度の曇天の下、ソウル市瑞草《ソチョ》区のソウル高等裁判所で、私はある刑事裁判の開廷を待っていた。

裁判は贈収賄事件で、被告人の名は「李在鎔」。サムスングループ総帥が組織的に朴槿恵《パク・クネ》元大統領の側近に賄賂を送り、見返りとしてグループ経営権の承継を巡って政治的な便宜供与を得たとされた事件だ。

韓国初の大統領弾劾に発展し、朴槿恵政権の退陣、17年の革新系の文在寅《ムン・ジェイン》政権誕生へとつながる事件で、李在鎔氏は贈賄罪や横領罪など５つの罪に問われた。

起訴状によると、李在鎔氏らサムスン経営陣は、乗馬の韓国代表選手だった朴元大統領の友人の娘の活動資金などとして、計89億ウォン（当時の為替レートで約８億６０００万円）の賄賂を渡し、その過程でサムスングループの資金約80億ウォンを横領したなどとされた。

17年8月の一審ソウル中央地裁は5つの罪すべての犯罪事実を認定し、懲役5年（求刑12年）の実刑判決を下した。裁判長は「李在鎔被告の経営権承継の過程で（大統領だった）朴槿恵被告の影響力に期待して資金を供与した」と認定した。

二審のソウル高裁は18年2月に「政権側に不正な要求をしたとは認められない」としたほか、賄賂の認定額が減額されたことで懲役2年6月、執行猶予4年の判決が言い渡された。李在鎔氏は即日釈放され、約1年間の拘束がようやく解かれた。

しかし、最高裁は「暗黙的な請託があった」と高裁判断を覆し、審理をソウル高裁に差し戻した。その結果、ソウル高裁での差し戻し審が事実上の最終審となった。1年余り続いた高裁での差し戻し審では基本的に弁護士が質疑に応じ、李在鎔氏自身が語る場面はほぼなかった。そして20年の年の瀬、被告人の最終弁論を迎えたのだった。

ソウル高裁312号法廷で、裁判長に発言を促された李在鎔氏は手にしたメモを見ながら、時に声を詰まらせつつ17分間かけて自身の思いを口にした。その発言を要約するとこうだ。

今日、私は、懺悔のためにこの場に立っています。すべてが私の過ち、私の責任です。私が至りませんでした。裁判長、そして裁判官のおふたり、今回の事件は私の人生における大きな転換点でした。4年間の裁判、調査過程は私にとって何を誤ったのか考える大切な期間になりました。

サムスンが韓国社会でどのような役割を果たすべきか、私はどのような企業家になるべきか、深く悩まなければならない課題を投げかけてくださりました。遵法文化を徹底的に実践していきます。変化は始まったばかりで、簡単な道ではありません。しかし、過去に戻ることは決して、決してありません。裁判長、見守ってください。困難だとしても必ず「正道」を歩んでいきます。

2カ月前、李健熙会長の告別式がありました。追悼の辞で父の友人が、「父を超えることが本当の意味での親孝行だ」と話してくれました。先代よりサムスンをもっと大きく、強くすることが最高の親孝行だと強く感じています。サムスンの従業員が誇らしく思える、真の超一流企業として持続可能な企業を実現するのが私の一貫した夢です。新しいサムスンを作り、尊敬する父に親孝行したいと思います。

この最終弁論の2カ月前、李在鎔氏の父である李健煕会長が死去した。14年5月に突然の心筋梗塞に倒れ、6年半にわたる入院生活を送っていた。李在鎔氏含む遺族は、ソウル市江南《カンナム》区のサムスンソウル病院での告別式に始まり、総額2兆円を超える巨額遺産の相続手続きなど財閥トップ死去に伴う対応に追われていた。

李在鎔氏は最終弁論の後段、李健煕先代会長について言及した場面で涙を流し、時に嗚咽《おえつ》混じりに言葉を振り絞った。問わず語りの17分間、3人の裁判官をはじめ、法廷の誰もがその言葉に静かに聞き入っていた。

韓国経済をけん引し、系列会社64社、国内だけで28万人の雇用を生み、直接・間接に数兆円規模の税金を納める最大財閥サムスングループのトップが

表1-1　サムスン李在鎔会長の10年

2014年5月	父親の李健煕会長が心筋梗塞で倒れる
17年2月	朴槿恵大統領側近への贈賄容疑で逮捕
8月	地裁が懲役5年の判決、収監
18年2月	高裁が執行猶予刑とし釈放
20年5月	記者会見を開き国民に謝罪表明
9月	承継を巡る資本市場法違反で起訴
10月	李健煕会長が死去
21年1月	贈賄罪の差し戻し審で実刑判決、収監
8月	文在寅政権が仮釈放し経営復帰
22年8月	尹錫悦政権が赦免して罪を帳消しに
10月	副会長から会長に就任
24年2月	資本市場法違反で地裁が無罪判決

公の場で「涙の懺悔」を強いられる――。外国人記者の立場でその光景を目にした私は強烈な違和感を抱いた。

財閥創業家は妬みの対象

サムスンへの韓国国民の感情は愛憎が交錯する複雑なものだ。

韓国最大のグローバル企業として最高水準の報酬や福利厚生など待遇が保証され、国民の憧れの対象だ。自身の娘や息子が「子どもの頃から努力を続けてサムスングループに入社した」と周囲に自慢する声を何度も聞いたことがある。その一方で、創業家に対しては「生まれながらの大金持ち」であることへの妬みも根強い。

韓国では社会規範の大前提として「公正」が重視される。人生を大きく左右する厳しい大学受験や徴兵制度などでの富裕層や権力者の「特別扱い」に国民は厳しい目を向ける。格差の象徴としてメディアに取り上げられることもある財閥創業家への国民のまなざしは特に厳しく、時に政治的な標的として糾弾され、主義主張が分断する韓国での「保革の政争」に巻き込まれることも少なくない。

李在鎔氏の贈賄事件にも様々な背景がある。

同事件の端緒は16年秋。朴槿恵大統領が親友の崔順実《チェ・スンシル》氏を国政に介入させたとの疑惑が発端だった。韓国における最高権力機関である大統領府において何の役職も持たない崔氏が「陰の実力者」として行政の人事をはじめ様々な国政事案に影響力を行使したことが明らかになったのだ。

選挙で選ばれたわけでもない崔氏の国政介入を招いた朴政権に民衆の怒りは沸騰した。16年11月にはソウル中心部に労働組合や市民団体が集結し、主催者発表で100万人（警察推計で26万人）が大規模集会に参加。1987年の民主化運動以来となる大規模な反政府デモとなった。一部のデモ隊は高台にある大統領府「青瓦台《チョンワデ》」に詰めかけて機動隊との衝突も起きた。

この崔氏の娘が馬術の元代表選手で、選手育成の名目で資金を提供したとしてサムスンの名前が挙がった。実態は、韓国経済団体の全国経済人連合会（全経連）が集金役を担って大手財閥に資金拠出を募った経緯がある。李在鎔氏も国会の聴聞会に呼ばれ、同団体からの脱退を表明するなど火消しに動いた。しかし、財閥と政府の「政経癒着」への国民からの批判は収まらなかった。

李在鎔氏同様にグループトップが逮捕されたある財閥幹部は「時の大統領に頼まれたならば、いったい誰が断れるだろうか。仮に政権の要求を断っていれば、どんな仕打ちをされたかわからない」と打ち明ける。日本に比べて政権交代が起きやすい韓国では、政権との距離が近すぎる財閥企業は政経癒着の疑惑の目を向けられやすい。次期政権からの攻撃の標的にされることもある。そのために「つかず離れずが吉」（財閥幹部）というのが経済界の共通認識となっている。

朴槿恵大統領や崔順実氏への計774億ウォン（約77億円）の集金役を担った財界組織の全経連は世論の批判を受けて解体的出直しを迫られた。サムスンはじめ現代《ヒョンデ》自動車、SK、LG各グループの「4大財閥」が事件表面化後の16年から17年にかけて全経連を脱退。活動予算の過半を担ってきた主要企業が脱退したことで、17年予算は半減した。全経連は「初心に立ち返り、経済団体本来の役割に立ち返って再出発する」との声明を発表するに至った。

朴槿恵大統領の弾劾、そして17年5月には労働組合などを支持基盤に持つ革新系の文在寅政権が誕生した。文在寅氏は大統領選の期間中に財閥改革を強く訴えて支持を得た。財閥企業と対峙する労組や中小企業、自営業者らの声を拾って当選を果たした。それほどまでに韓国世論は反財閥に振れていたわけだ。

文政権は財閥グループ各社のオーナー支配に歯止めをかけるためグループ会社が株

式を持ち合う「循環出資」の解消や、製造業などによる銀行所有の規制強化といった改革案を公表。文氏が大統領就任後に「財閥スナイパー」の異名を持つ経済学者の金《キム・》商祚《サンジョ》氏を公正取引委員会の委員長に起用し、財閥改革の司令塔とした。前政権までの政経癒着を糾弾し続けた文政権時代の5年間、財界は事実上、活動自粛を強いられた。

そして22年5月に保守系の尹錫悦《ユン・ソンニョル》政権が誕生したことで風向きが変わった。4大財閥が財界活動に復帰し、「韓国経済人協会（韓経協）」へと組織名を変えた。このタイミングで会長に就いた柳津《リュ・ジン》会長（防衛企業の豊山会長）は「二度とあんな事件が起きないように仕組みを整える」とコメントし、再出発を誓った。

「子どもたちには経営権を譲らない」

朴槿恵大統領側近への贈収賄を巡る裁判期間中も李在鎔氏は反省の姿勢を示し、サムスングループの企業統治（ガバナンス）改革に取り組んできた。二審の高裁判決で執行猶予が付いて釈放された後は、サムスンのガバナンス強化のために対応策を打ち出した。

象徴的なのは、20年5月に唐突に記者会見を開いて「子どもたちに会社の経営権を譲らない」と発表したことだ。会見数時間前に各メディアに案内状を送る緊急記者会見で、ソウル市江南区の中心部にそびえるサムスン瑞草オフィスで開いた。

サムスン創業家が記者会見を開くのは異例のことだ。事実上の最終審となる高裁差し戻し審で、ガバナンス強化を求められた李在鎔氏は外部の弁護士らで構成する第三者機関「順法監視委員会」を設置した。この委員会の要請を受けて李在鎔氏が謝罪会見を開いた。それほどまでに高裁差し戻し審での審理が不利な状況だったことの証でもある。

李在鎔氏は「国民の期待に応えられず失望を与えた。私の過ちだ」と国民に対して謝罪した。「韓国社会の多様な価値を重視し、外部の叱責や助言に真摯に耳を傾ける」と述べた。贈賄罪に問われた裁判について「問題は私の承継手続きから始まった」とした上で、「経営権の承継でこれ以上論争にならないようにする」と自身の子どもに承継しない方針を明言した。「子どもたちに経営権を譲らないという考えは、以前から私の心の中に秘めてきた」とも話した。同氏は離婚した妻との間に1男1女をもうけた。サムスン関係者によると、2人とも成人して国外に滞在しており、サムスングループとの関係はないという。

記者会見の時点で李在鎔氏は51歳。このタイミングでの世襲否定についてサムスン社内では最側近らが「世襲否定は時期尚早」として反対したという。それでも李在鎔氏本人が謝罪会見まで開いて表明したのは、高裁の差し戻し審で実刑判決が出れば、再び収監される恐れがあったためだ。革新政権下で任命されたソウル高裁判事の発言の行間を読み、徹底的に従う姿勢はその表れといえる。

記者会見で李在鎔氏は「国民への謝罪」を強調した。この曖昧な謝罪相手が事件の本質を示している。「国民」という世論の空気、そして財閥を敵視する政権側への謝罪を強要されたともいえる。政治の風を読み誤れば最大財閥トップでも逮捕される、韓国社会の特殊性を表している。

2　運命の判決

天を仰ぐ3代目総帥

サムスントップによる涙の懺悔から20日後の2021年1月18日。ソウル高裁に再び記者が集結した。判決の宣告期日だ。

開廷は午後2時。1時には高裁の西側玄関に、車寄せから入り口まで30メートルほどの報道関係者の隊列ができあがっていた。李在鎔氏は月に1～2度のペースで出廷するたびに、フラッシュを浴び、その動静が報じられてきた。最終判決が出るこの日、報道陣の人数はテレビカメラ30台超、スチールカメラ50台超、総勢150人ほどに膨れ上がっていた。

李在鎔氏が乗った黒いワゴン車が到着すると、騒がしかった周囲が水を打ったように静かになった。車寄せから玄関までの動線を歩く際、記者の代表役の2人がマイクを向けて心境を尋ねたものの、李在鎔氏は何も答えず、表情を変えずに前だけを見て高裁玄関の奥に消えた。

そして最終弁論と同じ312号法廷で時間どおりに開廷。裁判官はすぐに判決文を読み上げた。

「主文、被告人の李在鎔、懲役2年6月」――。執行猶予は付かなかった。

李在鎔氏は沈黙したまま、天井を見上げた。宣告後に裁判官から発言を促された際にも「特に話すことはありません」とだけ回答した。差し戻し審の期間中の1年3カ月の暗闘は奏功せず、法廷で再び拘束された。

裁判長は「被告人が朴槿恵前大統領の賄賂要求に対して積極的に賄賂を提供してお

り、(経営権の)承継のために大統領権限を使ってほしいという趣旨の不正な請託をした」と結論づけた。

李在鎔氏は17年2月に逮捕され、同年8月の地裁判決で懲役5年の実刑判決を受けて収監された。18年2月の高裁判決で執行猶予刑となり釈放されて経営に復帰した。このため既に約1年間の服役期間を過ごしていることから、残りの刑期は1年6カ月となった。それまでの拘束期間を上回る収監期間に、李在鎔氏は表情なく判決を聞いていた。

宣告直後、韓国メディアは一斉に「再収監」との速報を流した。裁判官の要求に従ってガバナンス改革を実行したことで執行猶予判決を得られると楽観視していたサムスン社内にも衝撃が走った。株式市場も動揺し、同日にサムスンのグループ企業の株価は一斉に下落。サムスン電子株も一時、前週末比4%超下げる場面があった。

司法制度的には再び上告することは可能だったが、既に最高裁の(差し戻し)判断が出ているため高裁判決が確定する可能性が高かった。サムスンの弁護団は判決当日、「この事件の本質は前大統領の職権乱用であり、裁判所の判断は遺憾だ」とのコメントを発表した。

しかし判決が覆る可能性はほぼない。弁護団は1週間後に上告を断念した。実刑判決が確定した21年1月26日、サムスングループの社内掲示板には李在鎔氏のメッセージが掲載された。「謙虚に反省し、今の時間が決して無駄にならないようにします」と。

拘置所ゲートの「希望の始まり」という皮肉

李在鎔氏の収監場所は、ソウル市中心部から南に20キロメートルほどの「ソウル拘置所」だった。専用の個室が与えられ、秘書担当者が社内文書や新聞、雑誌などを差し入れとして毎日届けていたという。

収監直後にソウル拘置所を訪れると、周囲を背丈の高い雑木林に囲まれた暗く静かな場所だった。国道から拘置所への一本道を進むと、やがて入構ゲートが見えてくる。そこには大きく「希望の始まり」との文言が掲げられていた。このゲートを李在鎔氏は絶望しながらくぐったに違いない。そう思わせるほどに、うらさびしい異界への入り口だった。

春が過ぎ、夏になった。21年8月、李在鎔氏の再収監から半年がたった。

韓国では、日本の植民地支配からの解放を祝う8月15日の「光復節」の祝日に合わ

入構ゲートには「希望の始まり、ソウル拘置所」と書かれている

せて、大統領が服役中の受刑者を対象として罪を免除・軽減する「赦免」（日本の恩赦に相当）が実施される。これまでも財閥トップは横領や背任などの罪で有罪になっても時の大統領の権限で特別赦免を認められてきた。

財界は大統領府に赦免の建議書を出し、韓国メディアの世論調査では李在鎔氏の「赦免賛成」が7割に迫る結果が出ていた。しかし、文在寅政権の回答は「仮釈放」だった。身柄の拘束は解かれるものの、罪が帳消しになるわけではない。刑期満了の22年7月までは海外渡航など一部の制限を科されることになった。

韓国法務省の仮釈放審査委員会は21

年8月9日に仮釈放適格と判断した。当時の朴範界《パク・ボムゲ》法務相は「新型コロナウイルスの長期化による国内の経済状況、グローバル経済環境を考慮し、李在鎔副会長が対象に含まれた。社会感情、拘置所での態度など様々な要因を考慮して決定した」と説明した。赦免ではなく、仮釈放となった理由は明かされなかった。

労働組合を支持基盤に持ち、財閥改革を強く訴えてきた文在寅大統領はこれまで「財閥の重大犯罪に対して赦免はしない」との主張を繰り返してきた。財閥の不正に厳しく対処してきた文政権だが、21年4月のソウルと釜山《プサン》のダブル市長選で与党が敗北したことで、22年春の次期大統領選をにらんで財界との関係改善に傾いた事情もあった。既存の支持基盤への配慮から経営復帰に制約をかける仮釈放という、財閥側と労組側の双方に配慮した折衷案を選んだとされた。

李在鎔氏の約半年ぶりの釈放は、光復節前の最後の平日の21年8月13日に決まった。同日、ソウル拘置所の正門前には早朝から200人ほどの報道陣が集まり、李在鎔氏が姿を現すのを待っていた。午前10時、係官に付き添われた李在鎔氏はネイビーのスーツに身を包んでしっかりした足取りで正門をくぐった。10メートルほどの距離で見た李在鎔氏の頬は痩せこけ、もともと高身長でスリムな体形ながら5キロ以上痩せた印象だった。

人垣となった報道陣の前で立ち止まった李在鎔氏は深く頭を下げて「私に対する非難、懸念、大きな期待を聞いています。一生懸命やります」と短く言及し、すぐに迎えの車に乗った。

「韓国の企業は二流、行政三流、政治は四流」

それから1年後、政権交代を果たした尹錫悦政権は22年8月の光復節に李在鎔氏の特別赦免を実施した。法務省は李在鎔氏の赦免について「グローバル経済危機において景気低迷の長期化が憂慮される中、技術投資と雇用創出を通して経済危機克服に寄与する機会を与える」とした。これに対して李在鎔氏は同日、記者団に対して「国家経済のために一生懸命がんばります」とだけ短くコメントした。

17年2月の逮捕から高裁差し戻し審を経て裁判が終結し、仮釈放されるまで4年半、罪が帳消しになるまで5年半の時間を費やした。

韓国司法は李在鎔氏の有罪を認定した。実際にサムスングループの承継を巡って、法の網をかいくぐるグレーな手段を使ったことも事実だ。しかし捜査から逮捕、曲折を経た裁判、そして仮釈放から特別赦免までの経緯をつぶさに振り返ると、革新系の文在寅政権による世論を味方につけるための壮大な「政治ショー」でもあった。

サムスン中興の祖の李健熙氏は1995年の中国出張の際に「韓国の企業は二流、行政三流、政治は四流だ」と随行メディアに発言して、時の政権の不興を買ったことがある。私は李在鎔氏の裁判を取材しながら、この先代会長の言葉の含意について深く考えさせられた。

軍事独裁時代からサムスンはじめ韓国財閥は政権の意に沿わない場合に、「不正蓄財」などと嫌疑をかけられて検察から厳しい捜査を受けてきた。政権幹部に半ば強制的に事業を取り上げられたり、国策の名のもとで非合理に他の財閥と一部の事業を統合させられたりしてきた歴史がある。

韓国の大統領は「帝王」と呼ばれるほど強い権力を持つ。国家元首として条約締結権を持ち、国軍のトップでもある。国会が議決した法案を拒否する権利もある。さらに閣僚など行政機関の人事に限らず、国会の同意を得た大法院長（最高裁長官）の任命権を通じて司法にも力を及ぼすことができる。韓国の司法が時の政権の意向を受けて揺れるといわれる背景には、こうした大統領の強大な人事権がある。つまり、大統領は政府、軍、公共機関、公企業など約2万人の幹部級人事を操ることができるとされている。

文在寅大統領（右）の事業所視察を出迎える李在鎔会長（中）（2019年10月）
＝韓国大統領府提供

その強大な権力を持つ政治家が経済や企業活動への理解を欠いていれば……。韓国が抱える構造的な問題が、結果的に韓国の稼ぎ頭であるサムスンの経営に足かせとなっているのは間違いない。

2024年12月の尹錫悦大統領の唐突な「非常戒厳宣言」によって韓国国会は大統領弾劾に動いた。財閥幹部の脳裏によぎるのは17年の悪夢だ。当時の朴槿恵大統領が弾劾されて革新政権が誕生し、韓国社会で反財閥企業の機運が高まった。韓国政治の混迷のたびに経営が揺さぶられるのは韓国財閥の宿命でもある。

3　経営復帰もリーダーシップ見えず

変わらぬ事業構造、成長スピードは鈍化

2021年8月。創業家トップが戻ったサムスンは好業績に沸いていた。コロナ禍に伴う在宅勤務や遠隔授業の浸透によってパソコンやタブレット端末に特需が舞い込み、インターネットの先で膨大なデータを処理する米ＩＴ（情報技術）大手などのデータセンター投資も急拡大した。半導体供給網（サプライチェーン）の各所で、半導体が逼迫して価格も上昇基調となった。

半導体はサムスンの営業利益の過半を稼ぎ出す屋台骨だ。17～18年の「スーパーサイクル」と呼ばれた活況期では、ネットの常時接続が一般的となり、データセンター投資が活発でサムスンの半導体部門は営業利益で年５兆円を稼いだ。18年の半導体部門の売上高営業利益率は52％に達した。

21年通期も半導体部門だけで３兆円の営業利益をたたき出した。しかし市況品であ

る半導体メモリーでは、競合他社も同様に収益をあげており、サムスンだけが特別に儲けていたわけではない。競合の韓国ＳＫハイニックスや米マイクロン・テクノロジーも好調な業績を発表していた。

だが、この「コロナ特需」は長続きしなかった。デジタル製品の「巣ごもり特需」が収束した22年夏には供給網の各所で在庫が積み上がった。後に「リーマン・ショック以来」（サムスン幹部）と言われる不況期に22年半ばには差し掛かっていたのだ。

サムスン半導体部門の営業利益は22年４～６月期の９兆９８００億ウォン（約１兆円）から7～9月期に5兆１２００億ウォン、10～12月期にはわずか２７００億ウォンへと急落した。そして23年１～３月期には４兆５８００億ウォンの営業赤字に陥った。半導体部門の赤字は14年ぶり。そして23年通期では半導体だけで14兆８７００億ウォン、日本円にして１兆５０００億円の営業赤字を計上した。

半導体メモリーは市況の振れ幅が大きく、巨額の利益をもたらす一方、不況期の赤字も大きくなるのが特徴だ。演算処理用に短期間のデータ保存に使われる「ＤＲＡＭ」と、写真や動画など長期的にデータを保存する「ＮＡＮＤ型フラッシュメモリー」の２種類の半導体メモリーで、ともに世界首位のサムスンもこの波には抗えなかった。

かつてのサムスンであれば、半導体の不況期にスマホやディスプレー、家電部門が収益を稼ぎ出して半導体部門の不振を補ってきた。しかし、今回の不況期は勝手が違った。不況の半導体を支えるはずだった他部門の収益力がじわり弱まっているのだ。数年前までは半導体とスマホが二本柱で収益をけん引してきたものの、スマホのコモディティー(汎用品)化で消費者の買い替えを促す新機能を生み出しにくくなっている。さらにサムスン同様に、米グーグルの基本ソフト(OS)「アンドロイド」を使う中国ブランドのスマホとの差別化が難しくなっており、収益力がじりじりと衰えている。

競争力低下は、世界シェアのデータで裏づけられる。米調査会社のIDCによると、23年のスマホ出荷台数でサムスンが10年以上堅持してきた世界首位の座をアップルに明け渡した。自社スマホの出荷低迷は、部品供給を担う半導体やディスプレーなど他部門の販売減にもつながる。全社の収益力が徐々に低下し始めていることが半導体不況によってあぶり出された格好だ。

もっとも23年の半導体不況期を脱し、足元でのサムスン電子は業績回復期に入った。24年は数兆円規模の純利益を稼いでおり、一見すると深刻な危機は去ったようにも見える。それでも半導体メモリーの市況に振り回され、すべての主力事業で中国企業がじわじわと追い上げる構図は変わっていない。このまま過去の延長上で事業環境を変えられなければ長期停滞期に陥る可能性が高まっている。

図1-1　成長スピードは鈍化（サムスン電子の業績）

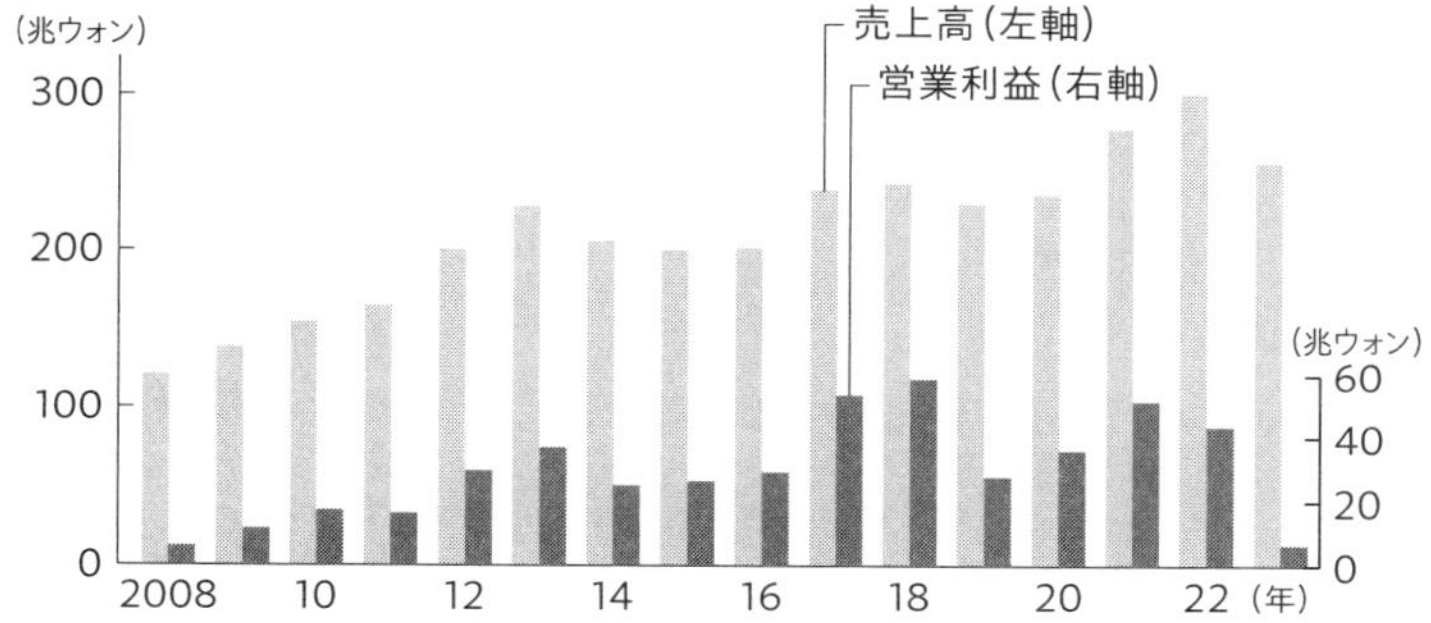

出所）サムスン電子の決算資料

図1-2　事業構成は大きく変わっていない

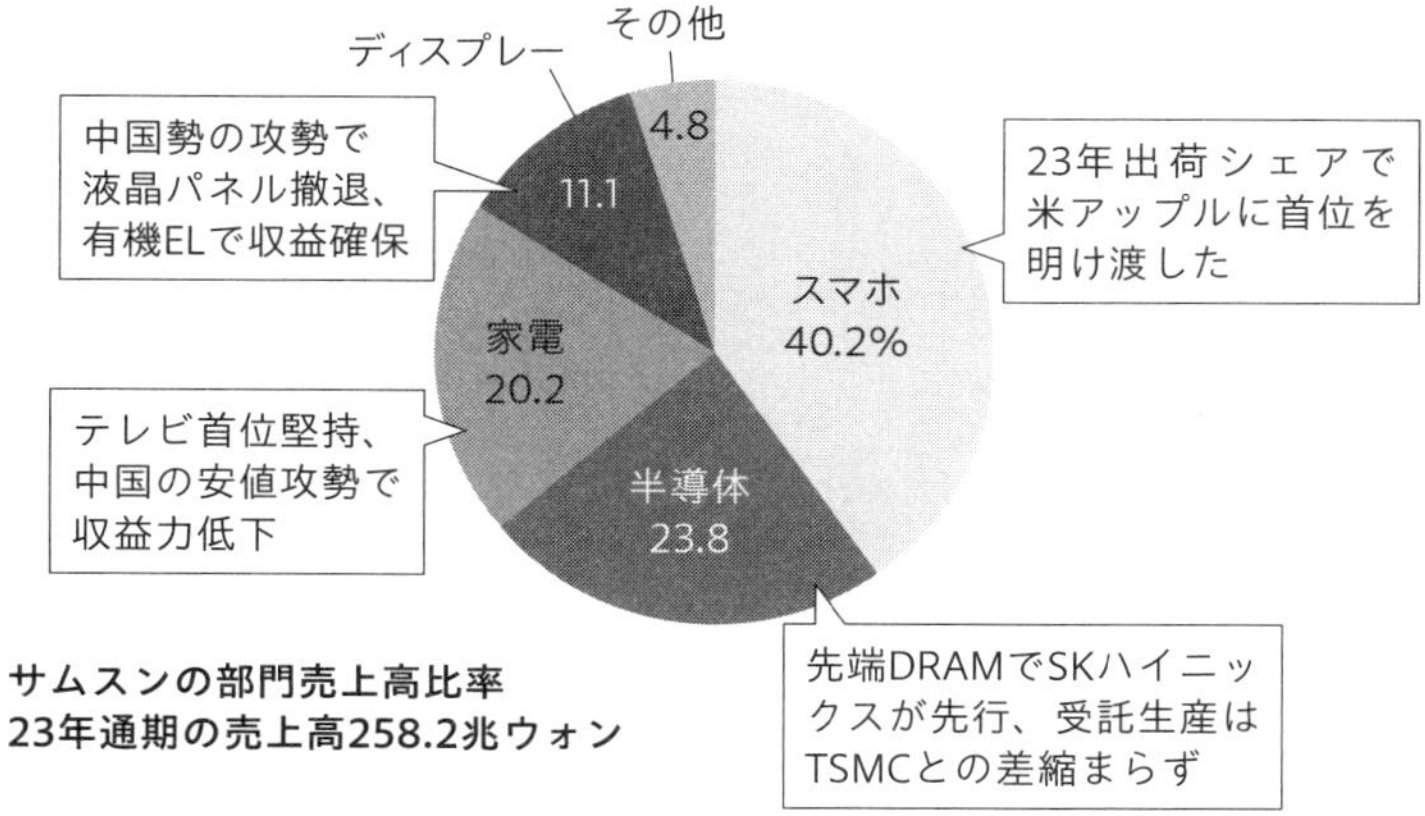

出所）サムスン電子の決算資料

創業家ではない陰の最高実力者

経営復帰した李在鎔氏は「コロナ特需は長続きしない。経営環境は劇的に変わりつつある」との危機感から21年12月に組織と幹部人事の刷新に着手した。

同年12月には、半導体とスマホの主要2部門を率いる最高経営責任者（CEO）を4年ぶりに刷新した。スマホと家電の2事業を「製品部門」として一体運営し、半導体中心の「デバイス部門」と合わせて2部門体制として新たな2人のCEOに権限を持たせた。スマホと家電を統合運営することでスマホを軸にテレビや白物家電をつなげて顧客の利便性を高める狙いがあった。世界首位のスマホとテレビを軸に、ロイヤルカスタマー（優良顧客）を囲い込む戦略で、幅広い製品群を持つ「サムスンだけが訴えられる価値創出を目指す」との大方針のもとでの組織改編、人事刷新だった。

売上高の6割に相当するスマホと家電を統括する製品部門CEOには、テレビ事業を担当していた韓宗熙《ハン・ジョンヒ》氏を充てた。半導体とディスプレーのデバイス部門CEOには半導体メモリー事業を率いてきた慶桂顕《キョン・ゲヒョン》氏が就いた。既存事業の執行は2人のCEOに託す格好で、李在鎔氏は長期の成長戦略を練る役割分担を描いた。

しかし、実際は23年の半導体不況に直面し半導体部門だけで1兆5000億円の営業赤字を出した責任を取って慶桂顕ＣＥＯは24年5月に退任した。本人も直前まで知らされていなかった突然の解任劇で、慶ＣＥＯの方針のもとで立て直しに動いていた半導体部門からは落胆の声も漏れた。市況の影響が大きいとはいえ、人事戦略面でも必ずしも経営改革がうまくいっていないことが露呈した形だ。

21年の幹部人事の注目点は、サムスングループ全体の司令塔役を担う「事業支援タスクフォース」担当トップの鄭賢豪《チョン・ヒョンホ》氏が昇格した点だ。

韓国財閥の序列は、創業家出身のトップが最高位の「会長」を務めることが多い。そして部門ごとのトップの職位を「社長」とする傾向にある。サムスン電子だけで部門トップの「社長職」が21人、「副社長職」が３６９人いるなど日本の会社組織とは大きく異なる。

その中で鄭氏は社長から副会長へと昇進した。21年12月時点で副会長だった創業家3代目の李在鎔氏と同格になったことになる。鄭氏は李在鎔氏がサムスン電子入社時のメンター役（助言役）を務め、最も信頼をおく経営幹部の1人。サムスン社内でも「李在鎔会長に伝わる情報を管理し、幹部人事も掌握する」（幹部）とされ、陰の最高実力者と評される。この鄭氏を昇格させて幹部人事の刷新や新事業開拓、Ｍ＆Ａ（合併・買収）を急ぐ狙いがあった。

実際に21年1月の決算説明会後の電話会見で当時の最高財務責任者（CFO）が「今後3年間でM&Aを推進していく」と明言した。サムスン電子の現預金は、この時点で120兆ウォン（約12兆円）にまで積み上がっていた。株式市場で資本効率を高める経営が重視される中で、海外の投資ファンドからも保有資産を活用した「非連続な成長投資」を求められていた。

巨額の資金を抱えるサムスンに投資銀行筋から世界中のあらゆる売却案件が持ち込まれる。現在の半導体とスマホ、家電、ディスプレーの各事業では、サムスンのシェアの高さから各国の独禁法審査を通過するのは難しい。自社が不得手な事業、もしくは既存事業からの「染み出し」型での周辺事業のM&Aを模索する。

ただ、サムスンはM&Aとは無縁に自力で現在の売上高30兆円規模の巨大企業を形成してきた経緯がある。そのため「企業買収は不得手」（証券アナリスト）との評がつきまとう。そこには創業家に権限が集中する韓国財閥の異質な支配構造のもとで、買収対象の外国企業が成長するシナリオが描きにくく、買収後の統合作業（PMI）が成功しづらいという事情もある。

17年には同社最大となる80億ドル（当時の為替レートで約9200億円）を投じて車載部品と音響機器の米ハーマンインターナショナルを買収した。車載事業拡大の切り札と位置づけたものの、今も十分に相乗効果を発揮できていない。日本のソニーグループなどもモビリティー分野に注力する中、サムスン電子の同分野の戦略は音響機器の提供にとどまり、明確な成長戦略を示せていない。「サムスン経営陣が車産業の構造転換、取引慣行を熟知しておらず、ハーマンをまだ十分に生かせていない」（証券アナリスト）との指摘もある。独ボッシュ幹部を車載部門トップに招いて、グループ会社で車載電池を手掛けるサムスンＳＤＩなどとの相乗効果を模索している段階だ。

24年1月の米ラスベガスでのテクノロジー見本市「コンシューマー・エレクトロニクス・ショー（ＣＥＳ）」の記者懇談会で、韓宗熙《ハン・ジョンヒ》ＣＥＯは「（Ｍ＆Ａは）皆さんが思うより早く動いている。近いうちにいいニュースがあるだろう」と話した。

関係者によると、この時、韓氏の念頭にあったのは、米国のヒト型ロボット（ヒューマノイド）のスタートアップ「フィギュア（Figure）ＡＩ」だった。サムスンが買収の最終交渉まで進めていたものの、最終的には米マイクロソフトや米エヌビディアなどの企業連合との共同出資という形で少額出資に落ち着いた。関係者は「仮に買収が実現していれば、金額はハーマンクラス（80億ドル）の案件だった」と打ち明ける。ただフィギュア側にとってはサムスン傘下での成長シナリオではなく米テック大手との連携をしながらサムスンとも協業する形が最善との判断が働き、土壇場でサムスンの買収提案を断ったとされている。

人事刷新によって再成長の糸口を見いだそうとする李在鎔会長と鄭賢豪副会長体制。21年1月に明言した「3年以内のM＆A」は結局不発に終わり、株式市場が期待する成長ストーリーは描ききれていない。そのためエヌビディアやTSMCなど世界の半導体大手の中では株価は伸び悩んだままだ。

サムスンもまた大企業病を患う

事業構造の変革が停滞し、足元では稼ぎ頭の競争力も細り始めた。「その改善案に前例はあるのか、そうでなければGOサインは出せない」。サムスンで働く30代の研究開発職の男性社員は、23年秋に直属の上司に告げられた言葉が忘れられない。

製造工程での歩留まり（良品率）改善のアイデアを「前例がないからこそ挑戦したい」と訴えたものの、役員の耳には届かなかった。男性社員は「サムスンでは最高の報酬は保証されるものの、ここ数年でやりたい仕事ができなくなってきた」と打ち明ける。

サムスンの常務以上の役員任期は1年だ。短期間で成果を出さなければ再契約はない。出世競争の中で役員らは短期の成果を求め、現場の技術者らが腰を据えて研究開発に挑む気風は乏しい。こうした新しいことにチャレンジしない保守的な状態に陥る「大企業病」をサムスンもまた患っている。

そんなサムスンに見切りをつけて、ライバルのSKハイニックスに転じる技術者もいる。エリートぞろいで失敗を過度に恐れるサムスンに対して、SKは「新しいアイデアも積極採用しないとサムスンと渡り合えない」(同社技術者)ため現場発の挑戦を推奨する社風がある。

この企業文化で花開いたのが、人工知能(AI)の浸透で24年に入って需要急増中の「広帯域メモリー(HBM)」と呼ばれる次世代DRAMだ。SKはAI半導体で独走体制を築くエヌビディアと関係を深めてHBMでサムスンに先行した。DRAMはサムスンが東芝を追い抜いた1992年以降、30年以上世界トップを守り続けたドル箱事業だ。先端品で競合他社に先行を許したことは一度もなかった。

2024年に入ってSKハイニックス株が急伸し、サムスン電子が伸び悩んだ理由がこのHBMの技術格差だった。実はサムスンは10年代の後半にHBMの開発を断念した経緯がある。エヌビディアなどに代表されるAI半導体時代の到来を見誤って技術開発を怠った。結果的に開発人材だけでなく、サプライヤー各社もＳＫ側との研究開発を重視するようになった。

ＨＢＭは半導体チップを積層することで回路密度を高めるため、シリコンウエハーに回路を形成する「前工程」に加えて、チップを仕上げる「後工程」の技術革新が求められる。これまでとは異なるチップの排熱性能などの材料側の技術力が問われるため日系サプライヤーを味方に付けられるかどうかが歩留まりを左右する。

ＳＫは日本の地方の中堅・中小メーカーを訪ね歩くという地道な陣営づくりを進めた。関係者によると、ＳＫのＨＢＭ開発リーダーを務めるのはサムスン出身の技術者だという。東北大に留学経験があり、日本の後工程技術のサプライヤーに明るい。この技術者が封止材料を手掛けるナミックス（新潟市）や、樹脂封止装置のＴＯＷＡ（京都市）といった特殊技術を持つ日本のニッチ企業と共同研究して独占契約を結ぶことで、サムスンやマイクロンといったライバルを引き離した。ＳＫはエヌビディアやＴＳＭＣの信認を得るだけの量産技術をいち早く確立した。

ゼロからイチ、「創造」が不得手なエリート集団

かつてのサムスンは「日本に学べ」が経営戦略の軸だった。ただ2000年代にテレビや半導体、ディスプレー、携帯電話で日本の電機大手を打ち負かし、世界トップに駆け上がったことで手本となる先行企業を見失った。

2000年代以降の躍進の過程でもサムスンの研究開発部門の根底には、「技術は買ってくるもの」との大方針を経営幹部が共有していた。東芝出身で同時期にサムスンに転じた技術者は「サムスンの技術開発は装置と材料メーカーにおんぶに抱っこ。特に日本のサプライヤーに頼って半導体やディスプレーの量産技術を確立していた」と打ち明ける。

その根底には、先述した1年単位で成果を求められる役員の評価制度の影響が大きい。もともと軍隊的な組織運営をしてきた韓国財閥企業では、各部署のボスである常務以上の役員のために部下たちが猛烈に働いてきた。

サムスン役員は多額の年俸に加えて交際費や車、名門ゴルフ場の利用など韓国最高水準の待遇が保証される。その一方で、1年で成果が出せなかった場合は契約終了を突如告げられることがある。そのため役員は短期成果にこだわるあまり、社員も長く

1つのテーマに没頭して研究することは少ない。エリート集団となったサムスンでは「誰も実験などの泥臭い試行錯誤をやりたがらない」（サムスンで働いた日本人技術者）。結果的に装置や材料メーカーに「最高性能を持ってこい」と指示を出す形になって社内で新技術を生み出す研究開発力を持ちにくい構造となっている。

ある日系装置メーカー幹部は「とにかく資金力があり、装置の購買量も多いので、最優先でサムスンのために装置改良を続けた」と振り返る。一方で、「サムスン役員は自分の担当プロセスでの歩留まり向上にしか興味がないため、全体最適を見失ってている」（別の装置メーカー幹部）との声もある。そこでも横並びの競争で自分一人の短期成果を求める弊害が浮かび上がっている。そのため、自社内で研究に没頭し「ゼロ」から「イチ」を生み出そうとする技術者は一時期から少なくなった。

これは韓国企業に共通する人材育成の問題点でもある。韓国のエリート層は厳しい受験競争をくぐり抜けるために正答のある問題を幼少期から大学受験まで解き続ける。多くの入試問題は選択式であり、採点者の判断で点数がぶれる記述式の問題は「不公正」として排除される傾向にあるためだ。問題作成者の出題意図をくみ取って唯一の正答を出す――。そのプロセスから斬新な発想は生まれにくい。

韓国で自虐的に語られる話がある。日本に比べて韓国はノーベル賞受賞者が極端に少ないというものだ。これまでの受賞者は2000年に南北首脳会談を初めて実現させて平和賞を受賞した金大中《キム・デジュン》元大統領、そして24年に文学賞に輝いた韓江《ハン・ガン》氏の2人に限られる。医学・生理学、物理学、化学の自然科学分野での受賞はまだない。あらかじめ正答が用意された問題を解くだけではノーベル賞につながるような独創的な研究を生む土壌は育ちにくい。この話は韓国の教育制度への警鐘ともいえる。画一的な正答を積み重ねることが良いとされる青年期を経たエリート層が最大財閥のサムスンの門戸を叩く。そして入社後、いざ正答のない技術課題に直面して「合格点」を出せないでいるという構図だ。

サムスンでの勤務経験もある東芝元技術者は「サムスンに『石の上にも三年』といったじっくり研究開発に取り組む文化は存在しない」と言い切る。かつて追う側だったサムスンは主に日本の先行事例を分析して最短距離を突き進んできた。それが先行企業という「正答」を失った今、既存事業の停滞打破に明確な一手が打ち出せず、事業ポートフォリオの変革でも後手に回っている。

22年10月に開かれた李健熙氏の三回忌の追悼式典後、李在鎔会長は経営幹部を前にして「残念ながらここ数年、新たな分野を先導できず、追撃者の激しい挑戦を受けている」と語った。「世の中にない技術への投資に我々の生存がかかっている」と話し、ゼロからイチを生み出す必要性を強く訴えた。

事業構造の変革のためにM＆Aを模索すると同時に、グループ内部でも李在鎔会長肝煎りの変革チームが立ち上がった。23年12月新設の会長直轄組織「未来事業企画団」だ。

サムスンの頭脳集団が集うソウル市南端の「ソウルR＆Dキャンパス」に入居する未来事業企画団には社内外から意欲を持つ多様な人材が集められた。サムスングループの経営資源を生かして再成長につながる事業の「芽」を育てるために、李在鎔氏自ら口説いて海外から連続起業家（シリアルアントレプレナー）らを呼び寄せて改革チームを組んだ。

未来事業企画団の幹部によると、同組織のミッションは「サムスンの未来の姿を描く」ことだという。製造業に限らず１１０にのぼる幅広い産業分野における高収益事業を整理・分析して自社が展開可能なビジネスを探る。サムスン関係者は「近いうちに具体的な形を見せられるように成長領域を絞り込んでいく」と話す。

こうした外国企業で働いた経験を持つ人材を積極採用するのも、儒教文化を背景とした上意下達、上司に絶対服従の企業風土を変えなければボトムアップ型の革新的な技術やビジネスモデルが生み出せないという危機感を持っているためでもある。

父である李健熙氏が病に倒れ、唐突に李在鎔氏が実質トップとなって10年がたった。カリスマ経営者としてサムスンを世界的企業に育てた李健熙氏も、父でありサムスングループ創業者の李秉喆《イ・ビョンチョル》氏の死後、トップに就任してすぐに手腕を発揮できたわけではない。1987年の会長就任から人事を掌握し、明確に自らの経営方針を打ち出すまでには6年の歳月をかけた。そして93年にドイツのフランクフルトに経営幹部を集めて「量から質へ、すべてを変えろ」と大号令をかけ、韓国の家電メーカーから現在のグローバル企業へと階段を駆け上がることになった。

実は、父親が倒れて実質トップになったのは李健熙氏も李在鎔氏も45歳と共通する。ただ、李在鎔氏は2年半後に朴槿恵元大統領を巡る事件によって逮捕・起訴されて長い裁判対応を迫られたほか、計1年半にわたって拘束された。幹部人事などで自身の体制づくりのさなかに拘束された格好で、同事件によって多くの時間を浪費したことは否めない。

2022年8月に特別赦免を受けて罪が帳消しになったほか、別件の企業承継を巡る不正事件でも24年2月に一審での無罪判決を得て、司法リスクからようやく解放されるメドが立った。

李在鎔氏が幹部人事を掌握し、自由に差配できる条件が整いつつある。ただ、父親がトップに立った30年前と比べて、サムスンが身を置くデジタル・IT産業の変化は圧倒的に速く、中国勢の猛追はサムスンの主力事業をむしばみ始めている。既存事業の延長線上にはない、新たな事業を長期視点で創出していく強いリーダーシップが今まで以上に求められている。

李健熙氏（中）が現在のサムスングループを形作った（2010年、米ラスベガス展示会）
＝サムスン電子提供

第２章

「10年で全事業がなくなる」先代会長の遺産

1　中興の祖、李健熙氏の死

宿敵アップルCEOからの弔花

２０２０年10月25日、サムスン電子の中興の祖、創業家2代目の李健熙会長がソウル市江南区の「サムスンソウル病院」で静かに息を引き取った。14年5月に突然、心筋梗塞で倒れてから6年半の闘病生活だった。

韓国の大病院には葬儀場が併設されており、入院中に亡くなった人の大半は同じ病院内の葬礼式場で葬儀が営まれる。李健熙氏の場合は後日に親族のみでの葬儀があったものの、外部の弔問客が参加できる公式葬儀は翌日に同病院で開かれた。ただ、新型コロナウイルスの蔓延期だったこともあり、サムスン側は来場者を絞る方針を示していた。それでも葬儀会場には韓国政財界の大物が次々と弔問に訪れた。サムスン3代目の李在鎔氏ら遺族が出迎え、国会議員や他の財閥創業家、サムスン元幹部らも参集した。

李健熙会長の死去翌日の韓国紙は同氏一色だった（2020年10月）

葬儀会場には弔意を示す白い花輪が数百と並んだ。花輪の下に書かれた送り主。ハングルが並ぶ中で、来場者の目を引いた英語名があった。「Apple Tim Cook」。アップルCEOが李健熙氏の死を悼んで白い花輪を送らせたのだ。

11年にアップル共同創業者のスティーブ・ジョブズ氏が死去した際には、李健熙氏の長男で現トップの李在鎔氏が渡米し、スタンフォード大学での追悼式に出席した。アップルにとって李健熙氏への弔意の花輪は、その返礼の意味もあったのだろう。

サムスン電子とアップル。両社は世

界のＩＴ産業の巨人として、スマホ普及に伴う社会のデジタル浸透をけん引してきた2社といえる。スマホでは世界首位を競い合うライバルであり、サムスンにとってアップルは半導体やディスプレー供給で年間1兆円以上の取引のある顧客でもある。さらに両社はスマホ関連技術の特許を巡って激しく対立した経緯もある。

１９７６年に仲間とともにアップルを興したスティーブ・ジョブズ氏と、87年に父から譲り受けたサムスンの躍進を主導した李健煕氏。２人のカリスマが率いた両社が世界にばらまいたスマホは、ハード・ソフト両面でエレクトロニクス中心に幅広い産業構造を、そして人々の生活を一変させた。

ただ両社のスマホビジネスへのアプローチは正反対だった。半導体やディスプレーなど主要部品を自前で生産し、組み立て工程までを自社で手掛けるサムスンに対して、アップルは半導体設計やソフトウエア開発、端末デザインに特化し、外部のサプライヤーや受託生産の巨大なエコシステムを活用。地域特性に応じた商品開発をせず、機種数を絞った「ｉＰｈｏｎｅ」を世界市場に売り出す事業戦略を志向した。

一方のサムスンは1万円台から20万円台という幅広い価格帯のスマホ機種をそろえて世界各地で一定のシェアを握り、２０２３年は年間で約2億２６６０万台を出荷した。米調査会社ＩＤＣによると、サムスンの出荷台数は前年比13・6％減。アップルは同３・７％増の２億３４６０万台となり、13年ぶりにアップルがサムスンからスマホ首位を奪還した。それまでの12年間、サムスンはアップルのほか小米《シャオミ》やＯＰＰＯ（オッポ）といった中国勢を抑えて首位に君臨し続けた。

サムスンの成功方程式は、いち早くアップルなどの先進モデルを学び、素早く量産して市場を席巻する「ファストフォロワー（素早い追従者）」戦略。この韓国企業の勝ちパターンが生きた。スマホ事業についてもアップルが07年に米国でｉＰｈｏｎｅを発売した矢先、サムスンもただちにタッチパネル型の携帯端末の試作に乗り出した。もともとディスプレーを内製してきたサムスンにとって端末の開発にそう時間はかからなかった。アップルに１年遅れで、08年には新型端末「ＯＭＮＩＡ（オムニア）」（現在のギャラクシーにつながるサムスンのスマホ原点）を発売した。

しかしアップルの強みは製造部分を外部に委託し、設計開発や基本ソフト（ＯＳ）を握ってアプリストアを自前で運営したことだ。サムスンはグーグルのＯＳを使うためアップルのように独自ＯＳやアプリストアで顧客を囲い込んでいるわけではない。スマホ端末の技術革新の余地が狭まるコモディティー化も著しく、ハード面での他社との差別化が難しくなっている。こうした構造変化が23年のアップルの首位返り咲きを許した要因となった。

サムスンも「無」から「有」を生み出し、自ら需要を創り出す必要に迫られている。李健熙氏は「21世紀は卓越した1人の天才が10万人を食べさせる知的創造力の時代」と話し、社会を変えるような製品・サービスを生み出す人材育成の重要性を説いてきた。かつてソニーが生んだウォークマンやアップルのiPhoneなどの「革新性」を渇望した。

アップルとの戦いの中で李健熙氏はサムスンに足りないものを痛感し、組織の仕組みを変えようとしていたものの、志半ばで病に倒れてしまった。

寡黙に本質を突くカリスマ経営者

李健熙氏の経営スタイルは、オフィスには出社せずに自宅で構想を練ることが中心だった。日々の経営は経営幹部に任せ、自らはグループの命運を左右するような重大な決断を下すことに集中した。通常は会長秘書室を通して全社に指示が飛ぶ。時に経営幹部を自宅に呼び出して事業の進捗を聞き出すこともあった。

李健熙会長時代に事業部門トップを務めた元幹部は緊張しながら会長邸宅に事業報告に行った日を今も鮮明に覚えているという。「会長はとにかく静かな人。報告しても目をつぶってじっと聞くだけ」といい、「会長からの質問もほとんどなく、報告しても反応がないために何を考えているのかわからなかった」と回想する。李健煕氏がサムスン創業者で父の李秉喆氏からたたき込まれたのが「傾聴」の姿勢だという。そのため、経営幹部や日本人顧問の報告に対しては聞き役に徹して、時にポツリポツリと本質的な問いを投げかけたという。

各事業部門の経営幹部のほかに、李健煕会長の目となり耳となったのが、「未来戦略室」と呼ばれる組織だ。かつては国家情報院（韓国政府の情報機関）よりも高い情報収集力を持つと恐れられ、国内では政官界やメディア業界、そして海外にも情報網を張り巡らせていたという。こうした多種多様な情報が李健煕会長に集まる仕組みを構築した上で、大胆な決断を下していく経営スタイルが確立した。

李健煕会長は学生時代から自身の趣味や関心分野の研究にのめり込んできた。その性格が奏功して幅広い分野について財閥トップとしての先見の明を持ち得たとの声は多い。自宅では世界中の多種多様な分野の本や雑誌を読みあさって、財閥サムスンの行く末を沈思黙考した。

サムスン事業部門トップを務めた元幹部は「寡黙ながら本質を突く質問にハッとさせられることが多かった」と振り返る。強いカリスマ性を持つ経営トップに幹部や社員は皆、緊張したという。李健熙会長の承認を得るために細部まで目配せが行き届いた企画書づくりなど緻密な仕事を素早くこなす組織文化は現在のサムスンにも受け継がれている。

1990年代後半から2000年代にかけてのサムスンの急激な成長を導き、売上高30兆円規模のグローバル企業へと押し上げた原動力となった李健熙氏の経営は、他者には到底まねできないものだったとサムスン幹部らは回想する。

2 躍進の原動力は「グローバル志向」

「妻と子ども以外はすべて変えてみよ」、経営方針を大転換

李健熙氏が会長に就いた1987年。サムスンはLG電子と競い合う韓国の一家電メーカーにすぎず、テレビや家電製品はまだ韓国内が主な販売先だった。ソニーや松下電器産業（現パナソニックホールディングス）、オランダのフィリップス、ドイツのシーメンスなどが先進国市場を席巻し、サムスンら韓国勢が入り込む余地は少なかった。

李健熙氏率いるサムスンは先行メーカーのあらゆる製品を分解して、製品構造の詳細や部品一点一点を徹底的に調べていった。自社の製品に足りないものは何か――。先行企業である日系メーカーを徹底的に調べることで、客観的に自社製品の至らぬ点をリストアップしていった。

経営幹部に語り継がれる数々の伝説を持つ李健熙氏。サムスン幹部の間で今も鮮烈に語られるのが、「比較展示会」と呼ばれるサムスン製品と他社製品を一挙に集めて違いを点検する幹部会議だ。

製品性能やデザイン、価格帯に限らず、分解・解析した上で構成部品や要素技術も含めたあらゆる情報が比較対象として挙げられた。その上で自社製品に応用可能なものは貪欲に吸い上げ、コスト的に合わないものは切り捨てる。そうして次期商品の開発につなげていった。特に重視したのは、先行企業の優れた点を取り込み、過剰品質と判断した機能は追わない点だ。顧客が求める機能に特化して短期間に再構成することがサムスン製品の最大の強みだった。

ある時、自社製の洗濯機のフタが閉まりにくいことに気づいた李健熙氏は製造部門の幹部を激しく叱責した。自社工場の視察の際には生産ラインをつぶさに見て回り、不良品を生み出すあらゆるリスクを洗い出させたという。90年頃にはまだ韓国には根づいていなかった「品質」の重要性を説き、人口5000万人ほどの韓国ではなく、グローバル市場で認められる水準まで品質を高めて世界市場で存在感を高める戦略を明確にしていった。

サムスン社史で「サムスンにとって重要な分岐点」と記されているのが93年だ。李健熙氏が自身の経営方針を明確に示した「フランクフルト宣言」と呼ばれる経営会議のあった年だ。

その年の1月の最初の経営会議。李健熙氏の年始挨拶は穏やかなものだった。「21世紀に備えるための最後の機会を迎えているという覚悟を胸に、新たに出発しましょう」と語り、例年どおりの新年の始まりだった。しかし、それから1カ月後の米ロサンゼルスの経営会議での「事件」が今も語り継がれている。

サムスン幹部は93年2月、ロサンゼルスのセンチュリープラザホテルで、日米欧の主要ブランドの家電製品のデザインと性能、品質を比較する会議を開いた。テレビや冷蔵庫、洗濯機、電子レンジ、ビデオカメラなどの数百の製品が並べられた。米ゼネラル・エレクトリック（GE）やフィリップス、日本からはソニーなどの製品が並べられたという。

事業報告として米国法人の幹部が販売不振の理由を報告した際に、李健熙氏が声を荒らげ、同幹部の退出を命じた。そしてこう告げた、「サムスンのテレビ、ビデオレコーダーは米国では安物の代名詞となっている。家電売り場を直接回って、売り場の片隅でホコリをかぶっている自社製品を確認してほしい」。さらに、「死ぬか生きるかの岐路に立っている。世界の一等企業でなければ生き残ることはできない」と続けた。

品質重視が全社の経営戦略の中核となったのは、同年6月のドイツのフランクフルトでの経営会議だった。87年に会長に就任して幹部人事を掌握し、経営トップに就いて6年後のことだった。

李健熙氏は「現在は信用とイメージを売る時代。そんな時代に品質は競争力の尺度だ。我々サムスンの生存に直結する問題だ。たった1つの不良品が会社を殺すリスクとなる。サムスン製品の質はまさにサムスンの顔。量の経営を捨て、質の経営に移行する」と宣言した。その上で「量から質へ、すべてを変えてこそ生き残りの道が開ける」とし、今日のサムスンに続く「品質経営」を明確に打ち出した。

これまでの沈思黙考のスタイルとの変わりようにサムスン幹部は皆一様に驚いたという。経営会議に参加した幹部は「会長となって6年間で積み上げてきた改善策を一気に吐き出した。濃縮されたものが吹き出したことによって、『フランクフルト宣言』の社内外へのインパクトはさらに強まった」と振り返る。

サムスン元幹部によると、李健熙氏は会長就任後に品質の重要性を説いてきたにもかかわらず、社内に浸透しないことに焦りを覚えていたという。そのため「不良は癌だ。初期に取り除かなければ全身に転移して3〜5年後に致命的になる。質のためなら量を犠牲にしてもよい」と語り、李健熙語録の中でも特に有名な「妻と子ども以外はすべて変えてみよ」という言葉につながった。サムスンを根本から変えなければ生き残れないという李健熙氏の強い想いが宿っている。

この年にサムスンは69年の創業以来使ってきた企業ロゴを変更した。情熱の赤色で3つの星が描かれた旧来の「三星電子」から、現在も続く楕円形の青地に白抜きの「SAMSUNG」とした。サムスンによると、海と空の青色で信頼を示して社会とコミュニケーションを取りながら社会に貢献することを目指したという。

現在に至るグローバル企業へと続く起点となったのがこのフランクフルトでの宣言とされる。その会議には当時慶応大学で学んでいた24歳の李在鎔氏の姿もあった。古参幹部も並ぶ経営会議において巨大企業の方向転換を宣言する父親の姿を目にしていたわけだ。

1年間の「海外研修」

サムスン躍進の原動力は、市場に最適な製品性能の開発に加えて巧みなマーケティングの力も大きい。それを支えるのが、世界各地に根を張るマーケティング人材の厚みだ。李健熙氏は1990年に1年間の海外研修制度「地域専門家制度」を設定した。コロナ禍で一時中断されたものの、現在にも受け継がれている社内研修制度だ。

研修の対象は入社3年目以上の課長代理クラス。「何をやってもいい。自由に過ごせ」という指示のもと、担当業務を離れて給料をもらいながら外国で自由に生活する。語学を学び、地域を巡り、人脈づくりにつなげる。これまで60カ国・700以上の都市に、5000人以上を派遣した。毎年数百人が実務から離れ、現地の専門家になっていく。地域専門家が本社に送った調査リポートは10万本を超える。現地の生活習慣を熟知する若手社員が後に駐在員になることも多く、現地での生活経験から生み出される必要な製品要件をもとに企画が生まれ、巧みなマーケティング手法が定着している。

たとえば、2000年頃のインドでは鍵付きの冷蔵庫が売れたという。冷蔵庫の購入層は一定水準の裕福な家庭に限られており、多くは地方出身の住み込みの家事使用人を雇っていた。鍵のない冷蔵庫では深夜に食材を盗まれるリスクがあり、安価な冷蔵庫でも鍵付きが必須要件となる。こうした新興国での文化や人々の実生活を知らなければ売れる製品は生み出せない。人事部門で地域専門家を送り出す担当だった元幹部は「海外に住んでみたい、その国の専門家になりたいという意欲ある若者の応募も増えた。同制度は優秀な人材の採用にも大きく貢献した」と振り返る。

多くの日系企業は3～5年程度の駐在で帰国することが多い中で、サムスンの駐在期間は10年を超えることも少なくない。そのため現地に根づいた製品企画、マーケティング戦略に差がつく。2000年代に中国やインド、ブラジルなどが成長期に入る中で、サムスンはこれら新興国の成長を取り込んで世界ブランドにのし上がっていった。ライバルの日系電機メーカーは、新興国市場にとっては過剰品質に映る「日本品質」に酔い、「いいものを作れば売れる」という発想で販売エリアを広げようとしていた。この現地の市場を徹底的に理解しようとするサムスンの姿勢が、その後の日韓の電機大手の明暗につながっている。

モーレツ社風の確立

李健熙会長時代は、強烈なトップダウンの組織のもとで優秀な社員が一糸乱れぬ軍隊式で猛烈に働いたことも、サムスンを世界有数のエレクトロニクス企業に押し上げた要因だ。上司のメールには昼夜・曜日に関係なく1時間以内の返信が求められ、与えられた課題は1日以内に解決するのが当然とされる組織文化だった。

特に半導体やディスプレーなど市況の浮き沈みが激しく、素早く大胆な決断が必要な産業分野で、その組織文化が威力を発揮した。「サムスンは圧倒的に速かった。工場建屋の設計変更、装置購入の決断、代金支払い、すべてが速い。文字どおり24時間働く集団だった」。半導体メモリー産業で激しく競い合っていた東芝元幹部は証言する。サムスンはグループ会社にサムスン物産という商社・建設を担う大手企業を持つ。そこに半導体工場の建設ノウハウが蓄積されており、クリーンルームの整備なども自社グループでこなす。グループ一丸で半導体やディスプレー事業を支える体制が整っていたわけだ。

サムスンには3～4年の市況サイクルを読み切って、最悪期に次の好況期めがけて巨額投資を決断する成功方程式がある。1990年代の半導体メモリー分野の最大のライバルは東芝や日本電気（NEC）、日立製作所など日本勢だった。巨大な電機メーカーの1部門にすぎない半導体部門が大型投資を訴えたとしても他部門出身者が大半を占める取締役会の承認を取りつけるのは難しい。ましてや市況最悪期は各社ともに赤字。半導体に理解のない他部門出身の経営幹部が巨額投資を承認するはずもない。市況回復局面に投資を決断しても既にサムスンが半導体製造装置の発注を終えており、日本勢の多くは追加費用を払って納入時期の前倒しを求める必要もあったという。半導体不況期には設備投資が控えられるため、製造装置メーカーは安値・短納期でも売ろうとする。そうした市場環境も見据えた上でサムスンは「不況期の大型投資」という勝ちパターンを確立した。

日系の装置メーカーや材料メーカーが口をそろえるのは、サムスン購買担当は皆日本語を話したという点だ。猛烈に仕事をしながらも調達担当の従業員らは皆、日本語を学んだという。サムスンの従業員であれば韓国語と英語は当たり前で、「3つ目の言語を話せて一人前」（サムスン社員）といった声もある。それほどまでに社員が自己研鑽に励み、会社のために尽くしていた。

わずか5年で挫折した事業

完全無欠のように語られる李健熙氏にとって大きな挫折となったのが、97年のアジア通貨危機における事業撤退だった。既にグローバル企業へと転換し始めていたサムスンは外国通貨のドル資産を多く保有しており、解体された大宇《デウ》財閥などと比べて相対的に傷は浅かった。しかし、韓国政府による財閥の枠を超えた救済策である産業大再編「ビッグディール」によって手塩にかけた事業を手放さざるを得なくなった。

東南アジアの通貨安が韓国に飛び火し、自国通貨ウォンベースでの相対的な対外債務が急速に拡大して韓国は債務不履行（デフォルト）寸前の状況に陥った。韓国は国際通貨基金（ＩＭＦ）の緊急融資を受けて救済されたものの、非常時対応として韓国政府が主導して大胆な産業再編に乗り出したのだった。

サムスングループは李健熙氏の肝煎りで95年に「三星自動車」を設立。日産自動車と技術提携して釜山市に自社工場を建設した。その矢先の政府主導の産業再編によって自動車事業を２０００年に仏ルノーに売却することになった。李健熙氏の夢だった自動車事業はわずか５年間で売却に至った。サムスンは少数株主として「ルノーサムスン自動車」の株を持ち続けてきたものの、22年には中国民営自動車大手の浙江吉利控股集団《ジーリーホールディンググループ》がサムスンの持ち分を買い取る形で資本参加した。これを機に「ルノーコリア自動車」へと改称し、社名からサムスンの文字は消えた。

サムスンはその後も韓国大統領府との距離感に悩み続けてきた。世界を舞台に激しい競争を繰り広げながらも、国内では世論や政治に振り回される状況は今も変わらない。特に革新系の政権下では財閥改革の名のもとに経営への介入は強まる傾向にある。韓国財閥の宿命とはいえ、サムスン内部からは「財閥企業が外貨を稼ぎ、国を豊かにしてきた事実を政治家は見ようともしない」との恨み節も聞こえる。

3 10年で代表製品は消える

グループ時価総額80兆円に達したが……

現在の財閥サムスングループの事業構成は、先代会長の李健熙氏時代に形作られた。筆頭格のサムスン電子に注目が集まるものの、商社・建設のサムスン物産やサムスン生命保険、造船やプラントのサムスン重工業、バイオ医薬品のサムスンバイオロジクス、電池のサムスンSDI、電子部品のサムスン電機などのグローバル企業がずらりと並ぶ。上場企業だけで16社、これらの売上高は2023年に500兆ウォンを超え、時価総額の合計は一時80兆円規模を誇った。

ただ、この10年間は化学部門や防衛装備品などの事業売却・出資比率の引き下げはあったものの、事業構成の大幅な転換は見られない。サムスン電子に限っていえば、半導体とスマホ、家電、ディスプレーの主要4事業の構成は変わらない。

韓国の最大財閥となって10年が経過した2010年に李健熙氏はこんな言葉で社内の慢心を諫《いさ》めたことがある。

「今後10年以内に今の代表的なビジネス、製品は消え去るだろう」

米国の金融危機の影響が比較的少なかったサムスンがウォン安の追い風を受けてテレビや半導体メモリー、ディスプレー分野で急成長していた時期だ。それほどまでに中興の祖は危機感を持っていた証でもある。リーマン・ショックを目の当たりにして「一流のグローバル企業でさえ崩壊する。サムスンもどうなるかわからない。ためらう時間はない、やり直さなければならない」と強調した。

この際に李健熙氏が「次代の柱」として掲げたのが、バイオ医薬品と太陽電池、車載電池、発光ダイオード（LED）、医療機器の5分野だった。バイオ医薬品事業は花開き、サムスンバイオロジクスが時価総額で韓国４位につけるほどの市場期待を集めた。車載電池のサムスンＳＤＩも世界４位の車載電池メーカーとなって、韓国の「半導体に次ぐ成長事業」といわれる電池産業の一翼を担っている。ただ太陽電池やＬＥＤは中国勢の台頭で収益化の道筋は途絶え、医療機器については10年に韓国の超音波診断装置メーカーのメディソンを買収したものの苦戦が続いており、日米欧の先行企業との格差は埋まらないのが現状だ。

李在鎔氏、最大の成果とは

李在鎔氏が実質トップになったこの10年間、サムスン内部で同氏最大の成果とされるのは、バイオ医薬品の受託生産を手掛けるサムスンバイオロジクスだ。

新薬の開発・生産コストが膨らむバイオ医薬品の分野で、製薬会社側が開発に特化して生産を外部委託する流れを受けて、李健煕会長時代の11年に設立された。この産業構造の変化は、半導体業界で「設計開発」と「受託生産」でそれぞれに特化した企業が大きく成長した構図に似ている。半導体業界の受託生産では世界の過半のシェアを握るＴＳＭＣが誕生した。

長期的な視点での果敢な投資、これは半導体メモリーやディスプレーで、世界首位に駆け上がったサムスン電子の「成功方程式」が生きる。さらにバイオ医薬品の生産には、サムスン電子が半導体で培った高度なクリーンルームの設計ノウハウの活用など、グループ力も生かせる。サムスンバイオロジクスは「バイオ医薬品のTSMC」を目指す。

世界の製薬大手からの受注拡大に加えて、同事業に追い風となったのがコロナ禍だった。

20年の感染拡大期には、米マイクロソフト共同創業者のビル・ゲイツ氏の財団、ソフトバンクグループなどが出資する米創薬ベンチャー「Vir バイオテクノロジー」から4000億円規模の受注を獲得した。同社は感染症薬開発に特化した有望企業として知られ、そんなVir 社から指名を受けたことでサムスンバイオロジクスの技術力、供給能力の評価も高まった。

こうした受注拡大の追い風を受けてサムスンは設備投資のアクセルを踏み込む。本社所在地の韓国・仁川市の松島《ソンド》バイオクラスター地区で次々と造成地を買い取って事業エリアを拡大。第4工場の建設中にもかかわらず、第5工場の建設を決定した。30年頃までに7兆ウォン（約7000億円）を同地域に投資して、バイオ医薬品の生産能力を23年の62万リットル（培養タンク容量ベース）から2倍の規模に増やす計画を持つ。付加価値を高めるため今後、培養技術の上流工程にも踏み込む。米カリフォルニア州に研究拠点を開設。Ｖｉｒ社のような有力な創薬ベンチャーとの提携を進め、さらなる受注増につなげる。

サムスンバイオロジクスは11年の設立ながらサムスン得意の積極的な設備投資によって、スイスのロンザやドイツのベーリンガーインゲルハイム、日本の富士フイルムホールディングスと競う。時価総額は7兆円超とサムスングループで「電子」に次ぐ2番手につける。

安定成長期に入った新事業

李健熙氏が掲げた5つの新事業のうち、安定成長期に入ったのがサムスンＳＤＩの手掛ける車載電池だ。電気自動車（ＥＶ）の成長の波に乗って業績を急拡大させ、23年の売上高は22兆7000億ウォンと5年で2・5倍に成長した。競合のＬＧエネルギーソリューションやＳＫオンが世界各地で次々と車載電池の工場建設を表明している。そんな中でもサムスンＳＤＩは独ＢＭＷを筆頭に欧州系の自動車メーカーの着実な受注に応じた設備投資を続けた。

サムスンＳＤＩは米ゼネラル・モーターズ（ＧＭ）と欧州ステランティスの2社と、米国に１カ所ずつ車載電池工場を建設することを決めた。折半出資の合弁工場とすることでサムスンＳＤＩは設備投資費用を半分に抑え、出荷先を確実に押さえてＥＶ需要の変動に備える戦略をとった。24年のＥＶ販売減速期にも建設計画を合弁相手と協議しながら量産時期を調整するとしている。

生産拠点に加えて新技術獲得のための共同研究活動も活発だ。22〜23年に米ボストンとドイツのミュンヘン、中国の上海に研究開発拠点を設立し、各地の大学や研究機関、新興企業とともに既存電池の性能改善や次世代電池の開発を進めている。電池の技術は材料開発や生産技術など化学特性の研究が不可欠となる。各地域の有力大学と研究活動を進めて現地技術者の採用を増やす狙いもある。

サムスンＳＤＩは電解物質が固体で耐熱・耐衝撃性能の高い「全固体電池」において、トヨタ自動車やパナソニックなどに次ぐ特許技術を確保する。売上高の５％に相当する１０００億円超を研究開発費に充て、次世代電池の量産技術の確立を急ぐ。全固体電池は次世代電池の本命とされており、短時間充電が可能でエネルギー密度を高めてＥＶなどの航続距離を伸ばせる特長がある。可燃性の液体を電解質に使うリチウムイオン電池と比べて安全性が高まり、電池の軽量化にもつながるとされる。

サムスンSDIは24年3月、車載用の全固体電池を27年に量産開始すると発表した。23年秋にソウル近郊の水原《スウォン》市の研究所に試作ラインを設け、24年に入って世界の自動車大手にサンプル品の出荷も始めた。既存の自社製リチウムイオン電池と比べてエネルギー密度を40％向上させた、1リットルあたり900ワット時の高性能品の量産を始める。

苦戦を強いられる3つの「未来成長事業」

軌道に乗り始めたバイオ医薬品と車載電池に加えて、李在鎔会長は18年に5G通信基地局と人工知能、車載部品を新たな「未来成長事業」に据えた。

ただ、24年時点では十分に成果が出ているとは言いがたい。5G基地局ではスウェーデンのエリクソンやフィンランドのノキア、中国の華為技術《ファーウェイ》などの高い壁に阻まれて満足にシェアを伸ばせていない。世界的なAIブームの中でもソフトウエア技術者の不足、消費者向けハードウエア偏重の事業構成、AI半導体分野での競合からの出遅れなど劣勢が目立つ。24年にAI機能を搭載したスマホを発売したものの、現時点ではＡＩ普及の追い風を十分に得られていない。さらに車載部品も、先述したとおり、17年に買収したハーマンインターナショナルと既存事業との相乗効果を明確には発揮できていない。

李在鎔会長は「追撃者の激しい挑戦を受けている」と危機感を隠さない。その「追撃者」とは、サムスングループのあらゆる事業で競合関係にある中国企業を指す。長く追う立場だったサムスンが追われる立場になっているのだ。

「どう考えても１に技術、２に技術、３に技術が重要だ」と話す李在鎔氏。中国など競合を振り切る技術を渇望する。獲得手法のキーワードは「共闘」だ。収益の柱、半導体部門では静かな変化が見え始めている。

21年12月、半導体の中核技術の開発を担う華城《ファソン》キャンパスに新組織が立ち上がった。1000人余りの「設備技術研究所」。かつての「生産技術研究所」が名称と役割を大きく変えて再出発した。旧組織は、サムスン傘下の装置会社セメスと一体で生産技術を蓄積してきた。そのため日米欧の製造装置メーカーにとってサムスンは「魅力的な顧客であると同時に、技術を奪う存在」（サプライヤー幹部）と映っていた。実際にセメスは日米企業が得意とする高度な製造装置の開発へと手を広げていた。こうした実態を踏まえ、新組織ではセメスとの技術情報の遮断を決めた。

先端技術で先行するＴＳＭＣは装置・材料メーカーとの共存共栄を重視する。サプライヤー各社は同社を最優先に位置づけ、「最も優秀な技術者を台湾に張りつけ、先端技術はまずＴＳＭＣに提案することが多かった」（日系装置大手）という。

サムスンの方針転換には半導体製造の競争軸が変化しているという事情も大きい。

これまでは微細な回路形成を担う「前工程」が重視され、巨額の資金投資を充てていた。しかし、半導体性能を左右する回路線幅を極限まで細くする微細化の限界が近づく中で、平面の回路構造を3次元に拡張することで回路の集積度を高める技術の進化が加速する。

半導体チップの積み上げ技術などは仕上げにあたる「後工程」に分類される。後工程の技術進化を追求すれば半導体の性能を一層高められるとして世界の半導体大手が一斉に日本の素材企業との連携を深め始めた。なぜなら半導体など材料技術では日本勢に一日《いちじつ》の長《ちょう》があるためだ。半導体そのものの日本企業のシェアは10％を割り込んだものの、半導体材料分野では50％程度を維持している。サムスンが24年に横浜市に半導体開発拠点を構えたのも日系の材料サプライヤーとの関係を深める狙いがあった。

共闘の姿が見えてきたのは半導体部門だけではない。

サムスン李在鎔会長（左）はグーグルのピチャイCEO（右）らと連携を深める＝サムスン電子提供

中国勢の猛烈な追い上げを受けるスマホやテレビ、白物家電といった完成品分野でも「オープンイノベーション」で守りを固める。鍵を握るのはサムスンが不得手としてきたソフトウエア技術だ。

21年11月、李在鎔氏の姿は米カリフォルニア州マウンテンビューのグーグル本社にあった。スンダー・ピチャイCEOとソフトウエア技術やプラットフォーム構築について協議した。グーグルにとってサムスンはスマホのOSの最大顧客であり、サムスンは先端半導体の調達先だ。対アップルで共闘する関係でもある。

グーグル訪問の2週間後、サムス

ンはスマホとテレビ、生活家電の事業部門を統合し、最終製品を1人のCEOが統括する体制に改めた。同部門担当の韓宗熙CEOは「他社機器やサービスとも連動させて顧客体験をより豊かにしていく」と話す。世界首位のシェアを誇ったスマホやテレビを軸として、ウエアラブル機器や生活家電といった製品群を組み合わせて特定の顧客の利便性を高めてサービスでの収益を生み出すプロジェクトも動き出した。

さらに社内起業を促す制度も充実させる。「C-Lab（シーラボ）」と呼ばれる制度で、事業アイデアを持つ社員に起業を促す。1年間の期限付きで通常業務を離れてアイデアの具現化に没頭するものだ。ソフト開発や試作環境を用意し、給与は全額保証して起業資金も給付する。事業に失敗しても5年以内ならサムスンへの「出戻り」も可能としている。

「若い職員たちが思う存分楽しんで仕事ができる、創造的な組織をつくらなければならない」。李在鎔会長は幹部に訴える。社員一人ひとりが自発的に行動し、新たなアイデアを生み出しやすい環境づくり。その象徴的な取り組みがシーラボだ。

同制度ではこれまで約2000人が起業に挑戦し、一部は実際にベンチャー企業として独立している。スマホの決済機能、健康管理アプリのほか、建設現場など用途特化型のＩＴ機器といった多様な新事業が生まれた。半導体部門の技術者だった全大栄《ジョン・デヨン》氏は、楽器演奏をゲームのように楽しめるスマホアプリ「Jameasy（ジェムイージー）」で起業した。全氏は「開発費用は十分に支給され、独立資金も出資という形で支援してくれた」と話す。

こうした現場重視の姿勢が李在鎔流だ。フットワークが軽く、顧客企業やサプライヤーを頻繁に訪れる。国内外の事業所の訪問時には、社員食堂で食事し従業員との写真撮影に気軽に応じる。柔和な性格で役職員と丁寧に議論を交わす。

長期的な視点で成長戦略を描き、大胆な投資を決断して先行企業からシェアを奪うのが李健熙会長時代のサムスンの成功方程式だった。ただ、１社ですべての開発を賄える時代は終わった。李在鎔会長時代の「共闘」によって新たな事業創出を推し進めようとしている。

4　創業者の「人材経営」に綻び

創業86年目、初の禁忌破り

2024年6月7日、サムスン電子の歴史に刻まれる事件が起きた。「労働を尊重せよ！」。ソウル市江南の一等地にそびえるサムスン瑞草オフィスで、「労働者を無視するならストだ」という横断幕を掲げたサムスン従業員らが声を上げた。

1938年のサムスングループの創設以来、「全国サムスン電子労働組合」が初めてのストライキを敢行した。市況の悪化によって半導体部門は2023年に1兆円を超える赤字に陥り、業績連動型の成果給や賞与を十分に得られなかった。同部門の一部従業員が不満を募らせてストを実施。成果給の見直しを要求した。

サムスンは創業者の李秉喆氏の方針で長く労組結成を認めてこなかった。2代目会長の李健熙氏も同方針を引き継ぎ、韓国国内で最高水準の報酬を保証する代わりに労組結成をけん制してきた経緯がある。

「労組弾圧を中断せよ！」と叫ぶサムスン労組ら（2024年6月、ソウル市）

韓国では、強硬労組として知られる「全国民主労働組合総連盟」が上部団体として、現代自動車や造船各社のストを指揮してきた。不法な工場占拠で逮捕者が出るなど労使対立が激しい韓国で、強硬労組は革新系政党の支持基盤も担っており、文在寅政権では激しい財閥たたきの急先鋒となる政治家を輩出した。こうした歴史的な経緯からもサムスンは労組結成を一切認めてこなかった事情がある。

サムスンの労組結成もトップが裁判にかけられた贈賄事件が契機となった。革新政権と韓国メディアの財閥糾弾の嵐の中で、サムスンの無労組経営も標的にされた。その背後で勢力拡大を目指す強硬労組も暗躍した。朴槿恵元大統領側近への贈賄罪を問われた裁判が続いていた20年5月の国民への謝罪の記者会見で、李在鎔氏は「サムスンは時代の変化に対応できていなかった。労働三権を保障し、健全な労使文化を定着させる」として労組結成を認める方針に転換した。労働者保護を重視した文在寅政権下でサムスングループ内に複数の労組が生まれていた。

こうした労組が横につながって24年2月にはサムスングループ企業横断の1万5800人の労組が発足した。サムスン電子のスマホ・家電部門とサムスンディスプレー、医薬品のサムスンバイオロジクス、保険のサムスン火災海上保険の労組が統合。電子部品のサムスン電機の労組も合流して加入者数は1万7900人に拡大したという。2月の発足式では「我々は政治色を持たず、合法的で合理的な労働文化の実現のためにサムスン勤労者の権益向上に努める」との活動方針を打ち出していた。

10万人を食べさせる1人の天才を発掘するために

サムスン電子には先代の李健熙会長が01年に定めた報酬哲学がある。「仕事の成果には報酬で報いる」。韓国企業でいち早く、企業収益を従業員に還元する報酬制度を導入した。

サムスンが韓国取引所に提出した事業報告書によると、サムスン電子国内従業員12万4800人の23年の平均年収は1億2000万ウォン（約1200万円）。半導体が好調だった22年は特別賞与の積み増しがあったため1億3500万ウォン（約1350万円）だった。サムスンは福利厚生も手厚い。キャンパス内の多彩な食堂は朝昼晩、いつでも無料。子どもの学費も大学まで大半を会社が負担してくれる。そのため、報告書の年収を上回る厚遇なのが実態だ。22年は通常の賞与のほかに「慰労金」や「特別激励金」といった名目で月給6カ月分の特別ボーナスが支給された。

そこには慢性的な技術者不足も影響する。世界的な需要増が続く半導体では、先端開発や工場増設で人材を奪い合う構図が続く。さらに理系学生の間ではネイバーやカカオなどネット大手やゲーム大手の人気が高まり、就職人気ランキングで長く首位だったサムスンも順位を下げている。ネイバーの平均年収は1億ウォンを超え、5年で5割超上昇した。

政府も人材難を基幹産業の重大なリスクとし、有力大学に半導体学科を新設するなど人材育成を急ぐ。それでも市場拡大の速度に技術者育成が追いつかない。サムスンは優秀な技術者に特別なインセンティブ報酬も用意する。水面下では中国企業によるスカウトも活発化しており、待遇改善で囲い込む狙いもある。

サムスンは創業者の代から「人材経営」を掲げ、採用活動も韓国企業の中では先進的だった。

「1人の天才が10万人を食べさせる」――。李健熙前会長が03年に韓国メディアの取材で語った言葉だ。李健熙氏は画期的な技術革新や発明をもたらす人材を重視。幅広い層から「天才」を発掘するため、年功序列を撤廃し能力主義の人事を定着させた。李健熙氏は「韓国は他国と比べて男性中心の社会。車輪が1つない自転車のようだ。人的資源の浪費と言わざるを得ない」とも語り、男性優位の韓国社会で女性登用の重要性を説いた。

サムスンは学歴重視社会の韓国にありながら、大学名を問わない採用活動を1995年に導入。人材の同質化を避けて、大学名や学歴では測れない優秀な人材の採用に努めてきた。李健熙氏のアイデアで各大学の学科長らに頼み込み「学科の中で最も楽しんで学生生活を送っている人物を紹介してほしい」といった、特別な採用枠も設けて多様な人材が集う組織を志向した。

韓国の複数の大学に資金を拠出して半導体や通信技術などを無償で学べる専門学科も創設。卒業生を優先的にサムスンに迎え入れて技術者層を厚く固めてきた。

李健熙氏の経営はＨＲ（ヒューマンリソース）重視が徹底されていた。李健熙氏の側近だった元幹部によると、会長自ら出席した経営会議のおよそ半分の時間を人材関連の議題に割いた。この幹部は「経営者は自分の仕事の半分以上を、人材を育てるために捧げなければならない」という李健熙氏の言葉が強く印象に残っているという。また同氏は「社員の待遇を上げる。これにまさる激励はない」として、業績好調な事業部門には特別ボーナスを弾ませ、社内競争を促した。採用や人材登用、福利厚生を幹部らと徹底的に議論して人事制度を磨いてきたという。

そんな父親の理念を承継し、李在鎔氏も世界で技術系の博士（ドクター）資格を持つ人材を1000人単位で採用していく方針を示す。売上高比率で10％程度を目安として年間2兆円規模の研究開発費によって世界の頭脳を吸い上げて新規事業の育成に挑む。李在鎔氏は「技術格差を生み出すことだけがサムスンの生き残る道だ」と社内に訴え続けている。

9割超が韓国人男性、時間を要す多様化

サムスンの組織体制は現時点でグローバル企業として世界標準に十分に対応できているとは言いがたい。韓国企業の多くでは男性中心の組織文化が残り、女性は昇進し

づらいのが現状だ。

サムスン電子の部門トップの職位「社長」に女性が初めて昇格したのは2022年だ。スマホや家電を扱う「DX部門」のグローバルマーケティング室長に、李英熙《イ・ヨンヒ》氏が就いた。同氏は英ユニリーバや仏ロレアルなど外資系企業でマーケティングを担当。07年にサムスン電子に転じ、スマホのマーケティングを担ってきた。

24年3月の株主総会時点で、経営幹部の「会長」「副会長」「社長」職位の計25人中女性は李英熙氏ただ1人。さらに「副社長」職位の369人のうち女性は16人に限られる。儒教的な社会通念が根強く残り、サムスンほどのグローバル企業でも女性登用が進んでいないのが現実だ。世界経済フォーラムの22年の「男女格差報告（ジェンダーギャップ指数）」では韓国は99位と、日本の116位を上回ったものの依然として女性が働きにくい社会だとみられている。

22年には女性初の取締役が誕生した。韓国の経済産業省にあたる産業通商資源省の元通商交渉本部長（次官級）を務めた兪明希《ユ・ミョンヒ》氏を社外取締役に迎えた。兪氏は21年の世界貿易機関（WTO）事務局長選で、ナイジェリアのヌゴジ・オコンジョイウェアラ氏（現事務局長）とともに最終候補に残った人物。米国の弁護士資格を持ち、中国・北京の韓国大使館での勤務経験もある米中双方を知る通商専門家だ。サムスンは兪氏の推薦理由について「急変する国際情勢と貿易競争の中で、サプライチェーンの問題解決に向けて当社の通商分野の専門性を高められるため」とした。

ただ、これは会社法の改正に伴う受け身の措置だった。韓国では22年に資産2兆ウォン（約2000億円）以上の上場企業に女性取締役を1人以上おくという努力義務を求める法律が施行された。女性管理職の登用を促す社会的な要請に合わせたもので、自発的かつ積極的に女性を登用しているわけではない。

さらに国籍の多様性も乏しい。日本の大企業の部長級にあたる「常務」以上の役員約1100人の中で外国人名で登録されているのは35人程度にとどまる。つまり、経営幹部の9割超を韓国人の男性が占める構図となっている。同じ言語、同じ文化的背景で文脈（コンテクスト）を共有する人材をマネジメント層に集めて経営を続けてきたということだ。足元では20～30代の女性比率は高まり、外国人採用も増やしているものの、経営幹部の極端な同質性に変化が訪れるのにはまだ時間がかかりそうだ。

定時に帰宅する20代、モーレツ文化の消失

サムスンの硬直的な経営幹部層に比べて韓国社会の「働き方」は急速に変容してい

る。

韓国では労働組合を支持基盤とした文在寅政権下で段階的に法整備された「週52時間勤務制」によって仕事への姿勢、働き方が大きく変わった。財閥大手の幹部は「働く意欲を持つ若手には帰宅を促さなければならず、定時帰りに慣れて『時間を会社に売る』意識も根づいてしまった」と話す。かつての出世競争を戦い抜く「モーレツ文化」は20～30代には見られない。さらにコロナ禍による在宅勤務の拡大によって「若者層の勤労意欲は著しく低下した」(大手財閥の人事担当幹部)。

サムスン内部でも労働意欲の低下は問題視されている。ある開発部門では、一定数の20代従業員の勤務時間が「平均8時間1分」と、ほぼ最低勤務時間に収まったという。これは午前9時ぴったりに出社し、昼食休憩1時間を抜いて、午後5時55分頃になると入退館ゲートに向かい、午後6時には退社していることを示す。「時間を売る」アルバイト感覚で仕事をする若手が増えている証左でもある。

さらに若者は待遇への不満を公言してはばからない。

「ライバル会社並みの成果給を支給するという採用時の約束がなぜ守られないのか」。21年にSKハイニックスの若者が経営陣を含む全社員2万8000人にこんなメールを送りつけた。業績連動型の賞与が少なかったことでぶちまけた不満に若手社員が呼応。同じ会社の社員同士の情報交換に使われる「ブラインド」という会員制ネット掲示板を通してSKハイニックス社員に共感が広がったのだ。「利益分配の手厚いサムスンに行こう」といった書き込みもあった。

不満拡散に危機感を覚えたSKグループ総帥の崔泰源《チェ・テウォン》会長が自身の報酬返上を表明し火消しに乗り出した。SKハイニックス社長が「意思疎通が不十分だった」と謝罪して成果給の算定方式を見直し、22年には基本給10カ月分を全社員に支給した。高収益企業を中心に「公正な報酬」を求める若手が声を上げ、業績連動型の賞与の積み増しが他社にも波及した。若手社員には「難関大学卒」「高い語学力」などスペック競争と呼ばれる厳しい選抜を勝ち抜いて大企業に入ったという自負がある。その分「仕事の成果ではなく、年功序列で報酬が決まるのは不公正だ」(28歳の財閥企業社員)といった思いも強い。

韓国のベテラン証券アナリストは「週52時間勤務制度は亡国の政策だった」と厳しく批判する。管理職は「若者は仕事を早めに切り上げて投資商品に熱狂し、企業のために働かなくなった」と嘆く。そして若者側はこのように批判する年輩者を「コンデ(口うるさいオヤジ)」と批判し、世代間の断絶も深まるばかりだ。

歴史的に韓国企業は日本式の年功序列を土台に賃金体系を決めてきた。自社への高い帰属意識で猛烈に働き、財閥企業の急成長、ひいては韓国国家の経済成長を支えてきた。ただ、輸出産業を多く抱える財閥企業の競争力が低下すれば韓国経済も減速する。23年のＧＤＰ（実質ベース）成長率は１・４％にとどまり、日本の成長率（ＩＭＦ推計で１・９％）を25年ぶりに下回った。

１９７０年代から急速に経済発展を遂げた韓国も成長率１～２％の停滞期に入ったとみるエコノミストも多い。日本以上に少子高齢化が進む５１７０万人の内需は力強さを欠き、このままでは２０２０年の名目ＧＤＰ世界10位をピークに後退していく懸念もある。

Interview

「今のサムスンに必要なのはイノベーション、30年変わらぬ課題」 サムスン電子元顧問 福田民郎氏

サムスンがグローバル企業へと駆け上がる転機となった１９９３年の李健熙会長に

よる「フランクフルト宣言」。同宣言のきっかけとなった提言書を作成した福田民郎・サムスン電子元顧問（京都工芸繊維大学名誉教授、76）に当時を振り返ってもらった。

——サムスンのデザイン顧問となった経緯は。

「当時の職場だった京セラの研究所に突然、私宛ての電話がかかってきた。日本サムスンの顧問を名乗る人物で、サムスンへの誘いだった。独立して自分のデザイン事務所をつくる予定だったため最初は断った。『食事だけでも』と言われて会食した際に、2週間後の予定を問われて『空いている』と答えたらすぐさま私名義の航空チケットが用意された。『このチケットで視察に行きましょう』と半ば強引にソウル視察が決まった。後からわかったことだが、最初に電話をかけてきたのは李健熙会長の早稲田大学留学時代からの友人で、日本の大手企業の人材をヘッドハンティングしていた人物だった」

サムスン電子元顧問の福田民郎氏

「ソウル市内の新羅ホテル（サムスン系列の高級ホテル）では情報通信部門の社長と副社長が待っていた。そこでサムスンの製品デザインについて意見を求められた。今後5年間で何をやるべきか、といったアドバイスを欲していた。私はデザイン事務所の立ち上げ時に特定の顧客がいれば事務所の経営が安定するとも考えて89年に顧問契約を結んだ。1カ月に1週間ほど、韓国のサムスン情報通信部門のデザイン室で30人ほどのデザイナーを指導する役割だった。私なりにサムスンのデザイン部門の改善策をレポートに書きためて提出していた。米国のデザイントレンドやマーケット情報、情報通信の未来について議論し、サムスンの商品企画プロセスでの至らない点などを指摘していった」

「90年頃のサムスンはまだ販売促進のための製品デザインという位置づけにとどまっており、経営とデザインがかみ合っていなかった。企業ブランドと個々の商品が結びつく必要がある。当時、それができていたのはソニーだけだった。大賀典雄さん（社長在任82年～95年）というトップが最終責任を持ち、プロダクトデザインを決めていた。その姿勢がイメージの統一につながりブランド力を高めていた。デザインを知る立場の人間が一貫性を持って企業ブランドを構築していかなければ、市場に信頼される商品を生み出すことはできない。こうした理念的なことから具体的に何をすべきかまでをレポートとしてまとめて提言した。ただ、私が技術企画室に提出したレポートは3年ほど会長の耳に届くことはなかった」

――会長の目に留まったきっかけは。

「93年6月にサムスングループの社長団会議が東京のホテルオークラで開かれた。現在のサムスン電子を構成する家電、情報通信、半導体の各トップのほか、グループ会社の社長20人強が集まって1日かけて議論する場だ。私はオブザーバーとして参加を求められ、『ロの字』型のテーブル配置の隅に座って議論を聞いていた。会議が終わった午後8時に李健煕会長の部屋に呼ばれてレクチャーを頼まれた。そこには妻の洪羅喜《ホン・ラヒ》さん、息子の李在鎔さん（現会長）も同席した。慶応大に留学中だった李在鎔さんに帝王学を学ばせるために同席させたのだろう」

「そこで初めて李健煕会長に私の提言を直接聞いてもらった。会長はとにかく博識だった。デザインやブランドについての日韓企業比較、デザイナーの教育手法など幅広いテーマで議論した。韓国のデザイン教育は1世紀遅れていると伝えると、会長は『では、どうすれば改善されるか』と質問した。私が『社内で再教育するしかない』と答えたところ、数カ月後には社内のデザインスクールが開校した。東京での会議以降、デザイン関連の予算は無条件でつくようになった。圧倒的に決断が速く、トップダウンで物事がすぐに動くのが韓国財閥の最大の強みだと感じた」

「李健煕会長は『10年で日本の家電10社と肩を並べたい』と話していた。92年のサムスンの売上高は3600億円ほどで韓国内の販売が中心。海外に売るためにはデザイン改革が不可欠という問題意識を抱いていた。日本の経営者とは全く違う。博識なだけでなく、目のつけ所が素晴らしいと感じた。会長の部屋で深夜までの議論が終わって翌朝、社長団の1人から私に電話がかかってきた。『福田さん、会長に何を吹き込んだんですか』と大騒ぎになったようだ。会長は私との議論の中で必要な改革を翌朝に社長団に伝えたのだろう。『顧問の福田が現場の話を告げ口した』と疎まれた時もある。それくらい経営幹部にイエスマンが増えて悪い話が上に伝わらない状況になっていたのだと思う。それが会長の怒りにつながり、『妻と子ども以外はすべてを変えてみよ』というフランクフルト宣言の一要素となったようだ」

──李健熙会長との交流はその後も続いたのか。

「93年のホテルオークラでの面会から数年後、ソウルのサムスングループの迎賓館で再び面会の機会があった。李在鎔さんやデザインセンター長もいる5～6人の会食だった。デザイン部門への支援について感謝を告げられ、現状で問題ないか、次の一手はどうすべきか、と議論した。私が顧問としてかかわった10年間で、サムスン電子の売上高は3000億円（90年）から4兆円を超えるようになった」

「2000年代前半にサムスンの時価総額がソニーを上回った。ある幹部が李健熙会長に『もう日本から学ぶことはありませんね』と軽口をたたいたことがある。それに対して李健熙会長は『日本の底力をなぜ見ないのか』と諫めた。『いつまでも携帯やテレビを売っているわけじゃない、我々も事業構造を変えなければならない』と強調した。その李健熙会長のストイックさに触れてサムスンの将来は明るいと思ったものだ」

――現在もサムスン顧問だったらどんな提言を出すか。

「1999年に大学から呼び戻されて京都工芸繊維大の教授となってサムスンとの顧問契約はなくなった。ただプロジェクトベースで経営改善のアドバイスをし、年に1～2回ほどレポートをまとめてサムスンで講演する『諮問契約』を結んだことで同社との関係は2017年まで細々と続いた。李健熙会長が倒れた後の10年代後半はサムスン社内も官僚的になり、会議が増えてかつてのような機動的な決断ができなくなっている。日本の東芝やシャープの轍《てつ》を踏まないように昔の李健熙スピリッツを取り戻してほしい」

「サムスンは従業員の評価制度を頻繁に変える会社だった。信賞必罰が強く働く組織であり、社員の評価を常に見直しながら優秀な人材を登用するために試行錯誤を続けてきた。今必要なのは時代や環境に適した『イノベーション（革新）』だろう。イノベーションを経営の中心に据えて社員の士気を高めて利益を生み出していく組織改革が必要だ。常にイノベーションを生むための挑戦を続ける企業風土を定着させることが重要だ」

「1993年に初めて李健熙会長に会った時に彼は『韓国経済を日本みたいに立派に発展させたい。そうするにはイノベーションが必要だ』と話していた。30年たった今も課題は変わっていない」

〈略歴〉ふくだ・たみお　1948年生まれ、75年京都工芸繊維大学大学院修了、日本電気デザインセンター（現NEC）入社、83年京セラ、89年デザイン事務所を設立し独立。89年から99年にサムスン電子顧問、99年に京都工芸繊維大学大学院教授。2017年までサムスン電子と諮問契約を結んで経営アドバイスを行っていた。18年から24年まで日東電工社外取締役

サムスン物産が手掛けた世界一高いビル「ブルジュ・ハリファ」＝同社提供

第３章

世界一高いビルから アカデミー賞まで

1　韓国最大財閥、源流は干物貿易

三星商会、１９３８年に創業

　半導体やスマホ、テレビといったエレクトロニクス事業が中心の韓国最大財閥のサムスングループは、上場企業16社、グループ企業64社、韓国内だけで27万８３００人を抱えるコングロマリット（巨大複合企業グループ）だ。サムスン生命保険に代表される金融事業を抱え、商社・建設のサムスン物産、医薬品製造受託のサムスンバイオロジクス、電池のサムスンＳＤＩ、造船世界大手のサムスン重工業、高級ホテルのホテル新羅など多様な事業を展開する。

　サムスングループの源流、「三星商会」の祖業は魚の干物や野菜の貿易業だった。創業者の李秉喆氏が故郷である韓国南東部の慶尚道《キョンサンド》大邱《テグ》で１９３８年に創業し、近郊のリンゴや栗などの青果物、漁村だった浦項《ポハン》近郊でとれた魚の干物を日本統治下の満州で販売する事業だった。三星の「三」は大きい、多い、強いことを表す意味を持ち

表3-1　サムスングループの歴史

1938年	李秉喆氏が大邱で「三星商会」を設立。貿易・製粉・製麺業で事業を興す
45年	日本の無条件降伏受けて朝鮮半島解放
48年	商号変更し「三星物産」設立
50年	北朝鮮の南侵で資産消失、事業停滞
53年	朝鮮戦争休戦。製糖・繊維・保険で事業拡大へ
60年代	放送・新聞・小売り・サービスに進出
69年	三星電子工業を設立、三洋電機やNECと合弁契約
77年	「韓国半導体」を買収し半導体に進出
87年	李秉喆氏死去、李健熙氏が会長就任
93年	李健熙氏がグローバル企業へ「新経営」を宣言
2000年代	半導体メモリー・テレビ・携帯電話などで躍進
08年	韓国検察が李健熙氏を背任と脱税などの罪で在宅起訴、全役職から辞任
09年	背任は無罪、脱税で有罪になるも、特別赦免で帳消しに。10年に会長復帰
14年	李健熙会長が心筋梗塞で倒れ入院、李在鎔氏が事実上経営トップに
17年	李在鎔氏が大統領側近への贈賄容疑で逮捕・収監
20年	李健熙氏が死去
22年	李在鎔氏が特別赦免を受けて罪帳消し。会長に就任

出所）サムスン社史など

朝鮮民族が好む数字であり、「星」は明るく、高く、永遠に輝くことを願って命名された。社史によると、三星商会の資本金は3万圓《ウォン》（現代の価値で3000万円ほど）。貿易業とともに、製粉と製麺などを手掛ける小規模事業からスタートした。

ただ社会情勢の変化によって事業はたちまち厳しくなった。45年には日本の無条件降伏によって満州の販売先はなくなった。50年には北朝鮮の韓国侵攻によって、砂糖や綿糸、漢方薬などの貿易物資の在庫は焼失した。それでも大邱で友人に任せていた醸造所が稼いだ資金を元手に53年に製糖業の第一製糖（現CJ第一製糖）を、54年には繊維の第一毛織（後にサムスン物産に統合）を設立し、当時貧しかった韓国において食料品・衣料品の製造で事業を広げた。

李秉喆氏は軽工業で財を蓄積し、60年代には放送や新聞、小売り、サービス業に進出。朴正煕《パク・チョンヒ》大統領の軍事独裁政権下で「政財癒着」と呼ばれながらも政権と一体になって韓国の経済復興を担った。グループ会社の韓国肥料を舞台とした「サッカリン密輸事件」など時に政権と対立しながらも、資本蓄積と新事業参入を繰り返してグループとしての事業領域を拡大していった。

そして69年にはラジオのOEM（相手先ブランドによる生産）を請け負う三星電子工業（現サムスン電子）を設立した。同年には日本の三洋電機と技術提携し、翌年にはNEC

とも提携。やがて白物家電やテレビでの自社ブランド生産に乗り出した。その後の半導体や造船、ディスプレー、自動車、携帯電話、バイオ医薬品へと拡大志向は続き、現在のサムスングループの輪郭が固まった。

子5人に承継、財閥が枝分かれ

韓国財閥では創業家の代替わり期に息子・娘に事業を分割して承継するのが不文律とされてきた。創業家内の遺産相続争いを避けるためだ。最も鮮烈だったのが「王子の乱」と呼ばれる兄弟の争いが繰り広げられた現代グループ。創業者の鄭周永《チョン・ジュヨン》氏には8人の息子と1人の娘がいたため、2代目となる兄弟一人ひとりが現代自動車、現代重工業（現HD現代重工業）、現代百貨店、現代産業開発などの各事業を引き継いで財閥を分割し枝分かれしていった。

サムスンも例外ではない。

創業者の李秉喆氏には息子が3人、娘が2人いた。三男の李健熙氏がエレクトロニクス主体のサムスン電子やサムスン物産など基幹事業を承継したほか、長女の李仁熙《イ・インヒ》氏は製紙のハンソルグループ、長男の李孟熙《イ・メンヒ》氏は食品や物流、エンタメ事業を抱える

ＣＪグループ、次男の李昌熙《イ・チャンヒ》氏は記録テープなどを手掛けたセハングループ、末っ子で次女の李明熙《イ・ミョンヒ》氏は小売り大手の新世界《シンセゲ》グループを承継した。儒教の社会通念が根強い韓国では長男が家を継ぐのが一般的だが、李秉喆氏が息子と娘の個性を見極めて承継事業を決めた。これらは「三星グループ」から次々と枝分かれしていった親戚企業にあたる。

汎サムスングループとして手掛ける領域は多岐にわたる。サムスン電子のナノ（ナノは10億分の1）メートルの微細な精度を競い合う先端半導体から、サムスン物産が建設を請け負った８２８メートルと世界一の高さを誇るドバイの超高層ビル「ブルジュ・ハリファ」。さらにＣＪエンターテインメントのＫ－ＰＯＰ躍進の礎となったコンテンツプラットフォームや、かつて日本統治下で「三越京城店」だった建物を本店として受け継ぐ新世界百貨店も広くはサムスングループが手掛ける事業といえる。

汎サムスングループは、ＣＪグループで6万１７００人、新世界グループで7万１５００人、ハンソルグループは５７００人の従業員を抱え、サムスングループの系列企業も合わせると実に41万７２００人規模の国内従業員を抱える。さらにサムスン電子を中心に世界に生産拠点を持つために総従業員数は１００万人を上回る。

サムスンでは87年に創業者が死去し、２代目世代が継いで大小５つのグループに分

図3-1　サムスン創業家の家系図

創業者：
李秉喆氏

2代目会長：
李健熙氏

3代目会長：
李在鎔氏

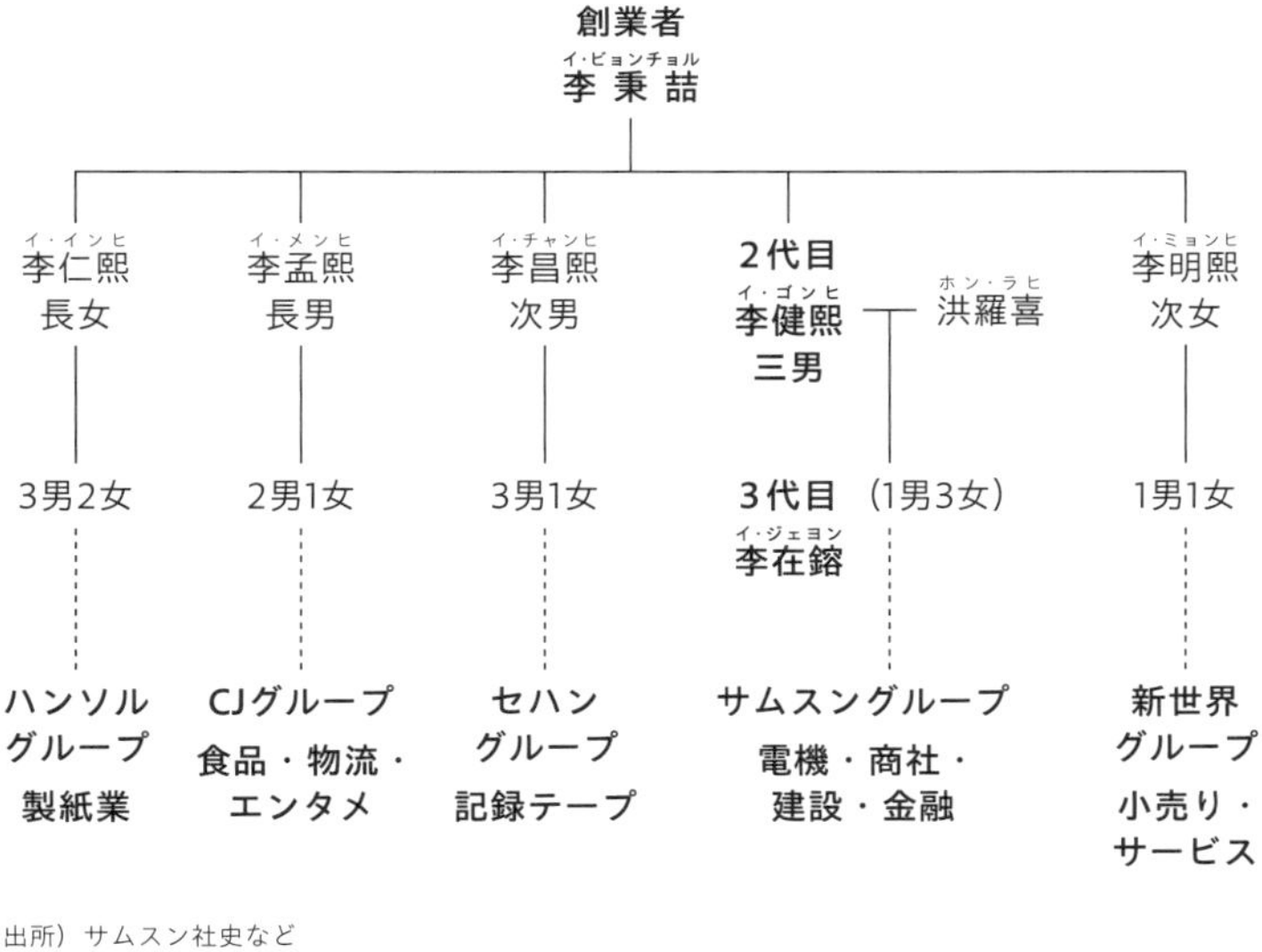

出所）サムスン社史など
写真＝サムスン電子提供

かれた。さらに下の世代には3代目総帥となった李在鎔氏を含めて男女18人の創業者の孫がいる。そのため今後さらにグループが枝分かれしていく可能性もある。

韓国の相続税は、財閥創業家などの高額相続になると税率50％以上と日本を上回る世界最高水準となる。グループ各社の企業価値が大きくなったことで2代目の李健熙氏の資産に対する相続税は1兆円を超えた。世代交代の際にグループ企業株を売却せずに相続税を払うことは事実上不可能となった。いかに相続税の支払いを抑えながらグループを承継できるか、この課題に向き合うことが韓国財閥創業家の宿命となっている。

2　オスカー獲得の裏にサムスン

4冠の「パラサイト」を支援

2020年2月19日、ソウル市中心部のザ・ウェスティン朝鮮ホテルに500人余りの報道関係者が詰めかけた。前週の米映画界の祭典、アカデミー賞で最高の栄誉で

「パラサイト」のアカデミー賞受賞に翌日の韓国紙は沸いた（2020年2月）

ある「作品賞」を含む4冠を獲得した韓国映画「パラサイト　半地下の家族」のポン・ジュノ監督やソン・ガンホ氏ら俳優陣が凱旋記者会見を開いたためだ。

「パラサイト」は、ソウル市内で半地下の住宅に暮らす4人とも無職の貧しい一家が、高台の豪邸に住むIT企業社長の裕福な家庭に〝寄生〟していく物語。富裕層と貧困層の所得格差が固定化する現代韓国の格差社会を描いた悲喜劇だ。アカデミー賞では、外国語（非英語）映画として初めて最高賞の作品賞に選ばれたほか、監督賞や脚本賞、国際映画賞の最多4部門を受賞した。

記者会見でポン・ジュノ監督は「甘い装飾をせず、貧富格差の現実を率直に描いたことで爆発力を持てた。我々が生きている時代を赤裸々に描き、それに韓国で1000万人以上、そして日本や英国、フランス、ベトナムなど現代社会に生きる世界の人々が呼応してくれた」と受賞の喜びを語った。同監督は「映画の告知キャンペーンでインタビューを600回、観客との対話イベントを100回以上やった。鼻血が出るほどの大変な仕事だった」と笑いを誘っていた。

米ハリウッドのドルビー・シアターで開かれたアカデミー賞授賞式の舞台上で、ポン・ジュノ監督はオスカー像を掲げながら「子どもの頃から憧れていた映画人とともにオスカー候補に選ばれて光栄です」と喜びを爆発させた。

その晴れ姿を会場内の目立たぬ位置から目を細めて見つめる女性がいた。「パラサイト」を手掛けた映画配給会社を傘下に持つ韓国中堅財閥CJグループの李美敬《イ・ミギョン》副会長だ。CJグループはサムスングループの創業者・李秉喆氏が設立した製糖業が源流。李美敬氏は創業者の孫で、サムスン電子会長である李在鎔氏のいとこにあたる。

李美敬氏はポン・ジュノ監督について「彼のほほ笑み、ヘアスタイル、ユーモアすべてが好きだ」と語り、短編を手掛けていた30歳の若手監督の頃から支援し続け、ともにヒット作を生み出してきた。

同監督の03年の出世作「殺人の追憶」が観客動員500万人のヒットを記録して以降、主な作品の多くは映画配給会社のCJエンタが制作・配給し、「パラサイト」には李美敬氏自身が責任プロデューサーとして参加した。財閥創業家出身者が映画のプロデューサーに就くのは珍しい。李美敬氏は受賞後に「我々の映画に意見をまっすぐ言ってくれた韓国の観客に感謝する。皆さんがいなければこの場にいなかったはずだ」と語った。

韓国は映画ファンの層が厚い。韓国映画振興委員会によると、韓国の映画観客動員数はコロナ禍前の19年に過去最高の2億2500万人を記録した。国民1人あたり年4回ほど映画館に足を運ぶ計算で、日本の1・5回を大きく上回る。

世界を席巻する韓国コンテンツ、その背景にも

韓国発の映画やドラマ、音楽の創作活動が世界を席巻したのには明確な系譜がある。

1990年に盧泰愚《ノ・テウ》政権が設立した文化省（現文化体育観光省）に起源をみることができる。初代長官として文化政策を主導したのが、「現代韓国の最高の知性」と評された李御寧《イ・オリョン》氏だった。

長官時代の最大の功績が、芸術分野の国立大学「韓国芸術総合学校」の設立だ。さらに李御寧氏は「芸術分野の才能を育むためには既存の学校ではその役割を果たせない」とし、芸術分野の教育カリキュラムを綿密に組み立てていった。そして98年に大統領に就任した金大中《キム・デジュン》氏がその資産を引き継いだ。「文化は21世紀の基幹産業になる」と訴えて幅広い大学に映画や音楽学科を整備してコンテンツ産業育成に乗り出した。

新設の芸術学科の出身者が現在、映画監督や音楽プロデューサー、俳優として韓国のコンテンツ産業を支えている。さらに政府機関「韓国コンテンツ振興院」がコンテンツ産業の海外展開を支援する。管轄省庁の文化体育観光省によると、コンテンツ振興予算として2024年の予算規模は1兆23億ウォン（約1000億円）と過去5年でおよそ2倍に増えた。

この韓国政府の文化政策に呼応し、CJグループもコンテンツ産業の育成に注力してきた。エンタメ事業を手掛けるCJエンタが映画「パラサイト」の配給元となったほか、ドラマ制作会社スタジオドラゴンを傘下に持ち、「愛の不時着」「トッケビ」「未生《ミセン》」といった日本はじめ世界で人気を集める有力ドラマコンテンツを手掛けてきた。

この制作力に目をつけたのが動画配信の巨人、米ネットフリックスだ。19年には約100億円を出資してスタジオドラゴンと資本提携を結び共同でコンテンツ制作に乗り出した。ＣＪエンタは、ドラマや音楽などのコンテンツ事業に5年間で5兆ウォン超の投資を続ける。制作体制の拡充のほか、ＩＰ（知的財産権）確保やデジタル技術を詰め込んだ最新鋭のスタジオ、デジタル配信のためのＩＴ投資などに充てる。

ネットフリックスといったプラットフォームに乗る形でドラマや映画も世界的な人気を得た。同社のテッド・サランドス共同ＣＥＯは23年のソウル市内での記者会見で「韓国コンテンツ業界との協業はまだ始まったばかり」と話し、その潜在力に期待を寄せる。

ＣＪエンタは21年に米映画製作会社のエンデバー・コンテントを7億7500万ドル（当時の為替レートで約880億円）で買収すると発表した。同社は映画やテレビ番組を製作し、欧州や南米などにも供給している。グループ内のタレントや制作スタッフ、放送局や動画配信プラットフォームなどへの流通システムを持つ総合力が強み。現在の韓流の追い風を受けて世界にコンテンツ制作・配信の根を張る戦略だ。

ＣＪエンタの姜濩盛《カン・ホソン》社長は「今のコンテンツ市場は国境のない戦場となった。欧米を拠点とするエンデバー社と我々の韓国コンテンツの制作力を結合させて、東洋と西洋の文化を織り交ぜたメジャースタジオに飛躍する」と話した。

オンラインのプラットフォームを活用して世界中のファンを魅了する韓流コンテンツ躍進の裏にもサムスン財閥の資金力がある。CJエンタでドラマ制作を学んだ制作陣が独立スタジオを設立して切磋琢磨する動きも広がっている。30年を超える韓国政府の産業振興政策とサムスングループの事業展開によって、多様な人材が育まれて韓流という世界で稼げる「大きな河」を形作っていった。

一大産業となったK-POPでも一役買うサムスン

金大中元大統領の「文化は21世紀の基幹産業になる」との言葉を鮮明に体現したのが、コロナ禍で世界的なブームとなったK－POPだろう。先駆者のBTS（防弾少年団）が切り開いた世界市場への多面展開に後続グループが続く。BTSはそれまで韓国と日本が中心だったK－POPの市場を北米や欧州、東南アジアへと一気に広げた。

韓国コンテンツ振興院によれば、韓国の音楽輸出額は21年に7億7527万ドル（約1085億円）と6年間で2倍に成長した。これはCDなどの輸出のみを集計しているため、音楽配信や動画配信の収益効果はさらに大きくなる。BTS所属事務所のHYBE（ハイブ）は20年に韓国取引所に上場し、売上高は2000億円規模ながら一時は1兆5000億円の時価総額に達するほど株式市場でも注目を浴びた。

K−POPのルーツを探ると、日本の旧ジャニーズ事務所などのアイドル育成の仕組みにたどり着く。10代のアイドルの卵を練習生として迎え入れ、共同生活をさせて歌やダンス、外国語をたたき込む体系的な育成手法は、20年6月発刊の『ハーバード・ビジネス・レビュー』のビジネス事例研究でも取り上げられた。同研究はHYBEの育成過程を詳細に分析し、「アイドルを成功に導く〝方程式〟を確立している」と結論づけた。同大学経営学修士号（MBA）の事例研究講座で21年から教材として使われている。

BTSの魅力はダンスや歌だけではない。世界23都市を巡るツアーで計200万人の観客を熱狂させる一方で、日常生活や制作の舞台裏もさらけ出す。等身大の姿を知れる距離感がファンから熱烈な支持を集める要因だ。何気ないつぶやき、メンバー一人ひとりの怒りや葛藤なども飾らずにSNS（交流サイト）で発信してファンの共感を集めた。20年に始まったコロナ禍で在宅を強いられた世界中の人々が注目した。

国境を越える情報拡散を支えたのが、独自のプラットフォーム「Weverse（ウィバース）」だ。そこでメンバーの肉声が語られ、ファン同士のコミュニティーも生まれる。さらにオンラインライブ配信やグッズ販売なども同プラットフォーム上で展開。彼らの言葉は10を超える言語に翻訳され、世界中に「アーミー」（ＢＴＳファン）を広げた。さらに動画投稿サイト「YouTube」などで楽曲を無料配信して最初の間口を広げて、ファンを育てて有料サービスへと誘導する。このＫ－ＰＯＰの世界展開の「鉄板モデル」は後続グループにも引き継がれている。

その人気が絶頂を迎えたのが22年10月の釜山市でのコンサートだった。２０３０年万博を釜山に誘致するために広報大使を務めたＢＴＳが協賛企業を募って無料で一夜限りのコンサートを開いた。この時期は最年長メンバーの兵役履行のためにグループ活動の休止がささやかれていたタイミング。ＨＹＢＥによると、自社サイトでの無料のライブ配信には世界２２９の国・地域から計４９０７万のアクセスがあったという。

釜山市内には世界中からアーミーが集結。ＢＴＳカラーの紫色の衣服や小物を身につけ、コンサート会場のほか、有名観光地の砂浜と釜山港でのパブリックビューイングに集まった。街中でも国籍の異なるファン同士が一緒に写真に収まり、ＳＮＳアカウントを交換していた。コンサート会場には「音漏れ」を聞くために集まったファンも集結し、異様な熱気に満ちていた。開演直後にメンバーが登場すると観客は総立ちで「ギャー」と絶叫。耳に痛みを感じる悲鳴を聞くのは初めてだった。

慶北《キョンブク》大学経営学部の李章雨《イ・ジャンウ》名誉教授は「Ｋ－ＰＯＰは日本はじめ世界中の音楽の

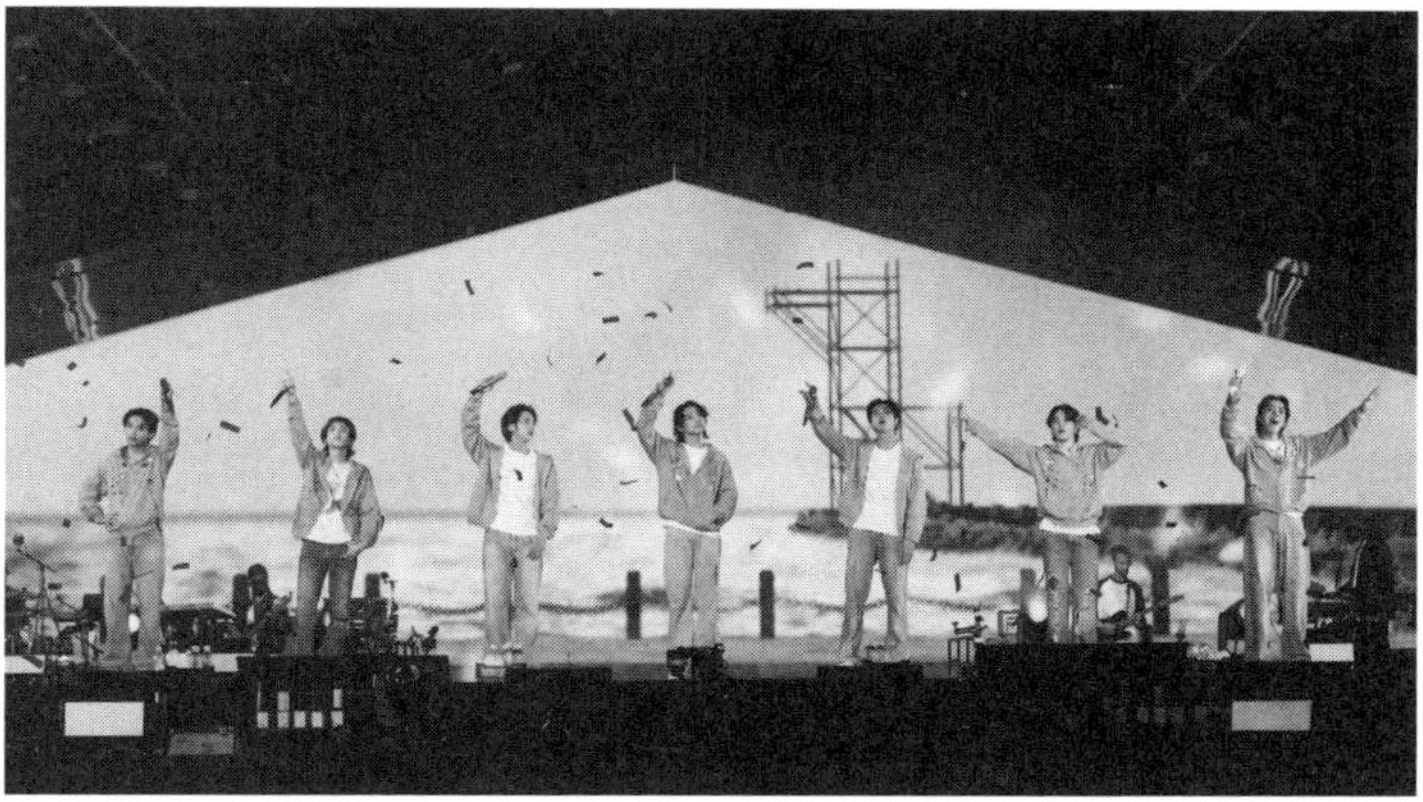
2022年10月のBTS釜山公演に、世界中のアーミーが集結した＝HYBE提供

偉作の系譜を継いで韓国が独自に進化させた。ＳＮＳ全盛時代にネットの拡散力を得て大成した」と分析する。

そのＫ－ＰＯＰの世界展開をＣＪグループが側面支援する。韓流専門チャンネルを主要国で運営しており、Ｋ－ＰＯＰアイドルのオーディション番組なども企画して知名度と人気を高めている。さらにアイドルが韓国生活、食文化を配信することで韓国食品メーカーのグローバル展開の一助となる。政府機関の大韓貿易投資振興公社（ＫＯＴＲＡ）は「韓流コンテンツによる韓国食品への追い風を実感している」という。

3　創業家のメセナ活動

モネやピカソを含む美術遺産は1兆円超

サムスングループの文化活動は映画やドラマ、音楽といったエンタメビジネスだけではない。美術界にとっても多大な影響力を持つ。その全容が明らかになったのが2代目会長の李健熙氏の死去に伴う遺産相続だった。

サムスン電子中興の祖の李健熙氏が２０２０年10月に死去し、巨額の遺産が話題をさらった。遺産総額は約3兆円規模。その内訳は、サムスン電子やサムスン生命保険、サムスン物産などグループ中核企業の株式のほか、ソウル中心部の自宅や郊外の広大な土地などの不動産、そして幅広い分野の美術品が含まれた。

美術品はモネやダリ、ピカソ、シャガールといった西洋画のほか、韓国の芸術家の絵画、国宝や重要文化財に指定されている古美術品など計2万３１８１点にのぼった。その評価額は１兆円を超えるという。

遺産の相続対象は李健熙氏の妻と長男の李在鎔氏のほか、娘２人の計４人。韓国の相続税率は50％超と日本を上回って世界最高水準とされる。相続税額は12兆ウォンにのぼり、韓国の国家としての総税収の２・６％に相当する金額だった。それまでの韓国最高額だったＬＧグループ前会長の相続税の10倍を大きく上回る。

遺族はこれら所蔵美術品を韓国の国立博物館や国立の現代美術館などに寄贈した。これらが「李健熙コレクション」と名づけられて韓国内の美術館で一般公開され始めた。

21年夏には国立中央博物館、国立現代美術館で李健熙コレクションの特別展が開かれた。同コレクションは地方の公立美術館にも貸し出され、全羅南道《チョンラナムド》や大邱市、清州《チョンジュ》市などでも特別展を開催した。これまで一般公開されなかった韓国最大財閥の創業家の所蔵品とあって話題を呼び、国内の特別展に計30万人以上が足を運んだという。『李健熙 洪羅喜 コレクション』の著者、韓国紙国民日報の孫英玉《ソン・ヨンオク》専門記者は「李健熙という象徴的な企業人の所蔵品を通して、韓国人に芸術鑑賞の文化が広がった」と分析する。

世界の美術界でも李健熙コレクションへの関心は高い。２０２５年には米スミソニアン国立アジア美術館、２０２６年には米シカゴ美術館、ロンドンの大英博物館で展覧会が開かれる予定だ。

孫英玉氏は「これまで無名だった韓国の女性芸術家にも脚光が当たる。海外での展示を通じて韓国の近代芸術への理解が深まるだろう」と期待する。

北朝鮮と16世紀の絵画を奪い合い

サムスングループはソウル市郊外の龍仁《ヨンイン》市に広大な土地を持つ。静かな湖のほとりに創業者・李秉喆氏の雅号を冠した荘厳な「湖巌《ホアム》美術館」が立つ。１９８２年に開館した同美術館は、サムスングループの美術品収集の原点であり、主に韓国芸術家の作品を展示する。

父・李秉喆氏の収集活動に接していた李健煕氏は、サムスンを世界的なエレクトロニクス企業に育てながらも美術品収集にのめり込んだ。

「李健煕会長はほとんど価格交渉をしない。時には売り手側の言い値に対して追加料金を払ってでも買うべき美術品を急いで購入することもあった」

こう振り返るのは、サムスン文化財団で学芸研究室長を務めた李鍾宣《イ・ジョンソン》氏だ。74年から96年まで22年間にわたって李健煕氏の意を受け、サムスングループの美術品収集の実務を担った。

李健熙氏は外国にある韓国人の作品収集に特に関心を示したという。16世紀の李氏朝鮮王朝中期の絵画「花鳥狗子図」（李巖、韓国の国指定宝物）を購入した際のエピソードが象徴的だ。

80年代後半、日本の実業家から同絵画の買い手を探しているとの情報が入った。その絵画を巡っては日本の朝鮮総連を通して北朝鮮の金日成《キム・イルソン》主席の側近からも購入意欲が示されたという。韓国と北朝鮮は第二次世界大戦後に同じ民族が分断した経緯があり、双方にとって李氏朝鮮王朝はルーツともいえる。日本統治下に日本国内に朝鮮半島の近代美術品が大量に流出したといわれている。

80年代に日本で収集活動にあたった李鍾宣氏は、信頼関係で成り立つ美術界で確かな情報を得た。すぐに李健熙氏に「花鳥狗子図」が売りに出ていること、北朝鮮も購入に関心を示していることなどの事情を説明した。李健熙氏は同絵画が北朝鮮に渡るのを阻止すべく、購入を即決したという。

李健熙氏の収集対象には、印象派やシュールレアリスムなどの19世紀～20世紀初頭にかけての西洋画も含まれた。さらに現代美術の収集には妻でソウル大学美術学科卒の洪羅喜氏の助言を得た。後に有名になる有力作家の若手時代の作品などを次々と購

ソウル市中心部の市有地に「李健熙寄贈館（仮称）」が2028年にもオープンする

入し、個人資産として東西の芸術作品を集めた。韓国で国宝や重要文化財に指定されたものだけで60点にのぼる。

美術品の収集の実務にあたった李鍾宣氏は遺族による寄贈について「一点一点が数百万ドル以上の価値を持つ、これだけの規模の美術品群の寄贈は世界でも聞いたことがない」と話す。

2004年にサムスンは、ソウル市中心部の漢南洞《ハンナムドン》に現代アート中心の第2の美術拠点「リウム美術館」を開いた。開館式の挨拶で李健熙氏は「文化遺産を収集して保存することは人類文化の未来のためであり、同時代に生きる私たち全員の責務だ」と話した。

そして李健熙氏の死後、膨大なコレ

クションを公開・保存していく専門美術館の建設も決まった。ソウル市中心部の1万平方メートルの市有地に地上3階、地下2階の「李健熙寄贈館（仮称）」を2028年に開く。韓国政府は約130億円の建設予算を組んだ。

韓国の美術品は、20世紀前半の日本統治下で系譜が曖昧になった側面もある。財閥サムスンが収集した李健熙コレクションが国に寄贈されたことで改めて学術的に系統立てた整理がなされ、韓国芸術が再評価されるとの期待も大きい。

サムスン本社の博物館にはOEM供給した三洋電機のテレビが展示されている

第4章

日本に学べ、韓国企業に通底

1　3代にわたる日本留学

サムスン電子、三洋電機と出発

ソウル市中心部から車で1時間の水原市のサムスンデジタルシティ。スマホと家電部門の研究開発拠点が並ぶ高層ビルの中に、サムスンの歴史を示す博物館「サムスン・イノベーション・ミュージアム（SIM）」がある。

世界のエレクトロニクス産業の歴史が学べる博物館として、電気の発見から電灯の発明、真空管から半導体の誕生といった現代に至る産業の経緯を解説する。サムスンブランドの商品を中心に、ラジオやテレビ、携帯電話、パソコン、洗濯機、冷蔵庫など歴代の家電製品、デジタル製品が並ぶ。

数ある展示の中で、ダイヤル式でチャンネルを調節する古い白黒テレビが目を引いた。画面右下には「SANYO」のブランドロゴ。解説を見れば「1970年、サムスン最初のテレビ」とある。「日本の三洋電機との合弁で開発した。71年にパナマに

500台を輸出して韓国初の海外輸出テレビとなった」と記される。

サムスングループによるエレクトロニクス産業への進出は、日本の三洋電機と合弁を組んでラジオやテレビの生産を受託したのが始まりだ。初めは三洋電機ブランドのテレビを生産し、NECとの合弁で真空管の生産技術を蓄積した。そうして「三星」ブランドのテレビを韓国内に販売し、徐々に輸出産業に育てていった。

サムスン電子の出発、そして成長の過程には隣国日本の産業界による後押しがあった。80年代までに入社したサムスンの経営幹部や技術者の多くは日本語を話し、日本の電機大手やサプライヤーから経営ノウハウやマーケティング、そして先進技術を吸収してきた歴史がある。

サムスン電子の社史には、69年のサムスン電子設立の経緯が詳細に記されている。「米国の民生用電気電子産業は高い人件費で斜陽化しており、日本の電気電子産業が年40~50%の高成長を享受する開花期を迎え、日本の家電製品が米国市場を獲得し始めていた。（連携相手として）市場確保の観点では米国資本が有利だったが、技術吸収の側面において距離や言語の面で日本との技術提携が有利だ。こうした半年にわたる徹底した調査を尽くした上で日本企業と提携して電気電子産業に進出するという結論に至った」

「合弁対象企業の物色に乗り出し、日本財界の指導者との接触を試みた。三井物産の水上達三会長の助言によって東芝や松下など日本の電機産業のトップ企業に打診していたところ、ある経済評論家を通して三洋電機の井植歳男会長から合弁の提案を受けることになった。１９５０年代半ばに初めて電子工業に進出し、わずか10年間で欧米の先進諸国と競う日本の先例が目の前にあった。我々も部品から国産化し大量生産によって輸出産業としてやがては電子製品の大衆化時代の扉を開くべきという判断がなされた」

そうして設立されたサムスン電子は当初、三洋電機とはラジオやテレビ、一部の電子部品を生産し、ＮＥＣとは真空管とブラウン管、数字表示放電管などを合弁で生産していった。

もともとサムスングループと日本は歴史的に深いつながりがある。それは日韓の現代史と無縁ではない。

45年までの日本統治時代、朝鮮半島出身者のエリート層にとって日本の大学で学問を修めるのが一般的だった。朝鮮戦争の動乱を経ても日本留学は続き、その結果、20

世紀の韓国の政治や経済を担うリーダー層の多くは日本語を流暢に話せる。

日本統治からの解放によって大韓民国として主権を確立したものの、朝鮮戦争によって国土は荒廃した。日本統治時代は朝鮮半島北部（現在の北朝鮮）の開発が進んだ。日本政府の出先機関、朝鮮総督府は石炭や鉄鉱石といった天然資源や水力発電が可能な地形に恵まれた半島北部に製鉄所や化学工場など重化学工業の産業基盤を整備した経緯がある。結果的に半島南部（現在の韓国）は農業や漁業など1次産業が中心だった。

61年に政権を掌握した朴正熙《パク・チョンヒ》大統領は、国土再建のために道路や鉄道インフラを整備して輸出産業を育成することで北朝鮮に対抗できる国力を築こうとした。韓国財閥の多くは朴正熙大統領時代（63年〜79年）に事業基盤を整えている。それは特定の財閥に利権を与えながら二人三脚で経済発展を成し遂げ、国家を再建するためだった。現代の韓国歴史教科書では「政経癒着」と非難されることが多いものの、50年代に世界でも最も貧しかった韓国を先進国へと押し上げる原動力となったのは間違いない。

実際に輸出産業を育成し外貨を獲得して国家経済に貢献した経営者らの中には日本に留学した者が少なくない。サムスングループ創業者の李秉喆氏もその1人だ。

1910年生まれの李秉喆氏の学生時代は日本が朝鮮半島を統治していた。一部の裕福な家庭は日本の大学に子息を送った時代。祖父の代から多数の小作人を雇う大農家だった李秉喆氏は30年に早稲田大学専門部政経科に在籍し、東京で生活した経験がある。サムスングループの社史によると、李秉喆氏は早大在籍時にひどい脚気に悩まされた。そのため留学継続を断念し、早大を卒業することなく中退したという。

故郷の韓国南東部の慶尚道の都市、大邱に戻って貿易会社「三星商会」を立ち上げ、日本統治下で事業を順調に拡大したものの、日本統治からの解放や朝鮮戦争の勃発による資産焼失によって三星商会の事業は停滞した。一時的に北朝鮮軍の統治下となった際には、李秉喆氏ら資本家は弾圧されて地下生活を送らざるを得なかったという。

こうした韓国国内の混乱から距離を置くように李秉喆氏は三男の李健熙氏（2代目会長）を初等学校（現在の小学校）5年生の時に東京に送った。李健熙氏が東京に渡った53年は朝鮮戦争が休戦となった年。混乱期の韓国から李健熙氏を2人の兄がいる東京に避難させたといわれている。

李健熙氏は11歳から約3年間の日本生活を経て、韓国の中学校、高等学校に通った。61年にはソウルの名門大学、延世《ヨンセ》大学に合格し授業料も納めたが、父の強い意向で高度成長期に入った日本に再び送られた。父と同じ早大の商学部に在籍したものの、自動車と映画に没頭したことで成績は落第を免れる程度だったという。２０１０年には

表4-1　サムスンは日本企業との連携を深めてきた

1969年	三洋電機と合弁会社設立 NEC・住友商事と合弁契約
89年	松下電器産業と制御機器技術導入契約
92年	東芝とフラッシュメモリーの特許交換契約
93年	大日本スクリーン製造と半導体装置の合弁会社設立
95年	富士通と液晶パネル技術協力契約 東レと液晶部材の合弁会社設立
2001年	NECと有機ELパネルで合弁会社設立
04年	ソニーと液晶パネル生産で合弁会社設立
11年	住友化学とLED基板で合弁会社設立 宇部興産と有機EL部材で合弁会社設立
12年	東京応化工業とレジストで合弁会社設立

出所）サムスン社史をもとに作成

早大から名誉博士学位を贈呈されている。李健熙氏の多額の寄付によってキャンパスには「李健熙記念図書室」も設置された。

李秉喆氏は1年のうち1カ月余りを東京のホテルオークラで過ごし、日本企業の動静、知己の経営者らとの意見交換を踏まえて経営戦略を練った。そこには日本経済、産業界からグループ経営や組織運営、新規事業の立案などの経営手法を学び取ろうという姿勢がうかがえる。

祖業の製糖業から電子産業に進出するきっかけとなったのも、1969年の三洋電機との白黒テレビの合弁会社設立だった。李秉喆氏から李健熙氏に代替わりした後も日本企業との連携は続いた。ＮＥＣや東芝、東レ、ソニー、住友化学などと協業し、半導体やディスプレー、電子部品など幅広いサプライヤー群と現在の売上高30兆円の巨大企業の礎を築いていった。

さらに３代目の李在鎔・現会長も父の勧めに従って日本留学を決めた。慶応大学大学院経営管理研究科に在籍し、修士として経営学を学んだ。そのため創業家３代にわたって日本語を流ちょうに話す「知日財閥」として知られる。

日本企業との連携、今も深く

サムスン電子の主要サプライヤーリスト（２０２２年）記載の１０３社に占める日本企業数は18社と韓国（48社）に次ぐ。東京エレクトロンやキヤノン、村田製作所といった大手企業だけでなく、精密化学のＡＤＥＫＡや半導体技術のニューフレアテクノロジー、電子基板のメイコーなども名を連ねる。さらに性能向上のためには先端素材の開発が不可欠なため、素材技術の蓄積がある日系企業とのより深い協業を求め始めている。数百の複雑な工程を経て、微細な回路を形成し電子部品をつくる半導体製造プロセスで、サムスンは各工程の製造装置や精密化学原料のメーカーとともに細かな改善策を積み上げる。

23年12月に横浜市に半導体開発拠点を設けると表明したのも、日系サプライヤーとの連携を深める狙いがある。最先端半導体の開発・量産技術の確立のために外部企業との密接な研究活動が始まっている。サムスン技術部門幹部は「高品質で安価、安定的に調達できる日本のサプライヤーは不可欠」として日本企業との連携深化を急ぐ。

こうした開発現場における研究協力に加えて、サムスン首脳陣は現在も日本企業の経営を研究し続けている。１９９０年代から２０００年代にかけて、サムスンは日本の電機大手の稼ぎ頭だったテレビや半導体メモリー、ディスプレー、携帯電話の分野で日本勢のシェアを奪い、いずれも世界首位に立った。２００８年以降の米金融危機の動揺、11年の東日本大震災に伴う電力不足、そして超円高など当時「6重苦」と呼ばれた経営環境で日本の電機大手は経営危機に陥っていた。これら日本の電機大手の苦境の裏には、隣国サムスンに稼ぎ頭を奪われたという大きな影響もあった。

一時は満身創《そう》痍《い》だった日本の電機大手のうち、ソニーや日立製作所は事業ポートフォリオを果敢に入れ替えて復活した。もっともサムスンが競争力を持つ半導体部門の力は依然強く、サムスン電子の企業価値はソニーや日立の2～3倍規模と引き離す。

それでも現在のサムスン電子の事業構成は硬直化し、ソニーや日立のような持続的な成長のための事業入れ替えを伴う経営基盤づくりは進んでいない。今のサムスンは日本の電機大手が15年前に経験した停滞期に差し掛かっているように見える。そこでかつて背中を追った日本企業の復活劇を注視する。サムスン日本法人を日系企業の情報収集にあたらせ、その変化を自社の変革に生かそうとしている。

2　日韓半導体連合を揺らした安倍政権の奇策

想定を上回る韓国の反発

日系サプライヤーとの関係を重視してきたサムスン電子に日韓の政治対立が影を落とした。2019年7月1日。日本政府は唐突にフッ化水素、高性能レジスト（感光材）、フッ化ポリイミドの半導体関連素材3品目について韓国への輸出管理を厳格化すると発表した。実施期日は3日後の7月4日に設定。3品目を輸入するサムスン電子やSKハイニックス、LGディスプレー（LGD）などは韓国内の在庫を積み増す対応に追われた。

表4-2　日本の対韓輸出管理を巡る経緯

2018年10月	元徴用工問題で現日本製鉄に賠償を命じる判決が確定
19年7月	日本が半導体材料3品目の対韓輸出管理を厳格化
8月	日韓双方が相手国を優遇対象国から除外すると表明
22年5月	韓国で政権交代、尹錫悦大統領が就任
23年3月	韓国政府が元徴用工問題の解決策発表 日本が対韓輸出管理厳格化を解除すると発表 日韓首脳会談でシャトル外交再開で合意
4月	日韓双方が相手国を優遇対象国に戻すと発表

日本の輸出管理措置のきっかけは18年10月。韓国最高裁が新日鉄住金（現日本製鉄）に元徴用工への賠償支払いを命じた判決を出したことで、日韓関係の悪化が決定的となった。日本政府はその後も韓国政府に対して政治解決を求めてきたが、文在寅政権は具体的な対応に動かずに事態を放置してきた。

19年6月に大阪で開催した20カ国・地域首脳会議（G20サミット）でも解決策を示さなかったことで日本政府は制裁的に輸出管理の強化に踏み切った。

7月3日には安倍晋三首相が国会の党首討論の場で「韓国側が約束を守らない以上、今までの優遇措置は取らない」と強調。1965年の日韓請求権協定での相互に請求権を放棄するという国と国との約束を反故《ほご》にした文政権への強い反発がにじんでいた。

2023年出版の『安倍晋三回顧録』（中央公論新社）によると、「韓国は日本との関係の基盤を損なう対応をしてきた」との理由を挙げて「あえて輸出管理と徴用工問題をリンクしているかのように示し、韓国に問題を深刻に受けてもらうためのものだった」と打ち明けた。安倍氏は輸出管理措置の発案者は「経済産業省」とし、「経産省出身の今井尚哉政務秘書官と長谷川栄一首相補佐官がかかわった。こうした手法を考え出した今井さんや長谷川さんはさすがだなと思いました」と称賛している。

この事実上の報復措置に韓国政府は激しく反発した。韓国の経済産業省にあたる産業通商資源省はただちに「世界貿易機関（WTO）への提訴など必要な措置をとる」と表明した。日韓の軍事情報包括保護協定（GSOMIA）の破棄を示唆し、9月にはWTOへの提訴に踏み切った。米国の説得によりGSOMIA破棄は見送られたが、安倍政権と文政権の日韓対立は決定的なものとなった。

日本政府の立場について、世耕弘成経済産業相は記者会見で「両国間で積み重ねてきた友好協力関係に反する（徴用工問題などでの）韓国側の否定的な動きが相次ぎ、信頼関係が著しく損なわれた」と述べた。

あくまで「本来必要な個別審査を実施するだけ」とし、軍事転用可能な素材を輸出する際の個別審査を省く優遇対象国から韓国をはずした。経産省はメディア各社が

「対韓輸出規制」と書きたてたことに「これは安全保障上の措置で、『輸出管理の厳格化』だ」と強弁し、メディア各社に同記述の修正を促す場面もあった。

関係者の証言を総括すると、韓国の文在寅政権に一泡吹かせるために半導体サプライチェーンという韓国の急所を突いたというのが実態だ。当時の日本政府高官は「各省庁に韓国への対抗措置を非公式に募ったところ、経産省から有力な案が提示された。安倍首相の周辺は満足そうだった」と証言する。そして友好企業サムスンについては首相側近自らが経営トップの李在鎔氏に連絡を入れて「サムスンの経営にとって打撃にならないように配慮する」と伝えていたと、サムスン側の関係者は打ち明ける。

しかし、韓国側の反発は日本政府の想定を大きく上回っていた。文大統領は当初から「韓国経済の成長を阻もうとする日本の意図は決して成功しない。結果的に日本経済により大きな被害を及ぼすことになると警告する」と批判を続けた。

一方で、主力事業に実被害が及ぶ可能性のあるサムスン電子やＳＫハイニックスなど企業側は総じて冷静だった。しかし、政権幹部や韓国メディアの激しい反発がやがて世論に波及。かつてない「反日運動」「日本製品不買運動」へと発展していった。「ノージャパン」「当店では日本製品を販売しません」――。19年7月下旬には韓国全国チェーンのスーパーの売り場でこんな表示が見られるようになった。まず標的にされたのはアサヒビールやサッポロビールなどの日本ブランドのビールだった。全国チェーンの店頭から商品が撤去され、日本からの輸入量は一時ゼロにまで落ち込んだ。

さらに不買運動は様々な業種へと飛び火した。カジュアル衣料品「ユニクロ」やスポーツ衣料「デサント」などが標的となった。トヨタ自動車やホンダ、日産自動車など日本車でも不買は顕著だった。韓国輸入自動車協会によると、日本車の販売は19年9月に前年比6割減と大幅に落ち込んだ。20年5月には日産が韓国市場から撤退することも明らかにした。

18年に双方ともに過去最多を更新していた日韓の観光客の往来も急速に冷え込んだ。日本政府観光局（JNTO）によると、訪日韓国人は19年10～12月に前年同期比65％減となった。日本航空や全日空、大韓航空やアシアナ航空、格安航空会社（LCC）各社は日韓路線の大幅縮小を迫られた。

不買運動をたきつけたのは反日団体だけではない。当時の法務相はフェイスブックで反日感情を煽るコメントを数十回投稿し、ソウル市中区は「NO　ボイコットジャパン」と書かれた垂れ幕を市中心部の街頭に1100本設置した。こうした政治家や行政機関がたきつけたことで反日運動が全国に波及していった。

日本企業へのブーメラン、未来にも影響

19年7月当初、半導体材料3品目について在庫を積み増したサムスン電子とSKハイニックス、LGDの3社。日本政府の措置は、韓国企業に「日本依存リスク」を痛感させた。

半導体やディスプレー生産には複雑で繊細な多数の工程があり、これらを精度高く組み合わせることで生産現場は良品率を示す「歩留まり」を高めている。特に韓国勢が得意とする半導体メモリーでは、単一品種を大量生産するため歩留まりが競争力、そして企業収益に直結する。そのため原価が多少上がったとしても「最高品質の部材を調達するのが定石」（半導体大手）として、日本製の半導体材料を大量購入してきた。日本の電機大手が相次ぎ半導体事業を手放す中で、日系素材大手にとってサムスンなど韓国企業は最重要顧客となっていった事情もある。

韓国は、半導体とディスプレーで年10兆円以上の売上高を稼ぐサムスン電子、4兆円のSKハイニックス、2兆円のLGDを抱えている。日本最大の半導体メーカー、キオクシアホールディングスでも売上高は1兆円余りで、素材や装置の買い手としての存在感は圧倒的に韓国が大きくなった。

日本政府の輸出管理措置は、この日韓半導体サプライチェーンの相互依存関係を揺さぶった。韓国企業は「いつ日本政府が供給を止めるかわからない」（韓国半導体産業協会）と調達リスクを意識して分散調達に動いた。台湾や米国からの代替輸入を増やしたほか、国産品の積極採用にも踏み切った。

最も顕著だったのが、シリコンウエハーなど基板上に半導体回路を形成した後、不要な膜などを取り除くために不可欠となる「エッチングガス（フッ化水素）」だ。フッ化水素は変質しやすく在庫として抱えられる期間は数カ月が限度とされる。日系のステラケミファや森田化学工業などが世界大手で、高純度品はほとんど日本に頼っていた。

文在寅大統領が7月10日に大手財閥のトップを緊急招集した際にも、サムスン電子の李在鎔氏は日本への出張を優先。あらかじめ予定していた金融機関に加えて装置・部材メーカー首脳とも急きょ面談を設定し、政治的な対立の中でも企業間の協調を訴えた。実際にサムスンに半導体部材を供給する日系メーカー首脳は「サムスン首脳陣の（日本重視の）調達姿勢は揺れていない」と口をそろえる。

ただ、政治と経済、企業活動が密接に関係し合う韓国では、企業は政府の意向に従わざるを得ず、最大企業のサムスンも例外ではない。ましてや19年当時は、サムスントップの李在鎔氏が朴槿恵元大統領らへの贈賄罪に問われた裁判が続いていた時期。

図4-1　フッ化水素の輸出は回復傾向
（半導体材料3品目の対韓輸出額）

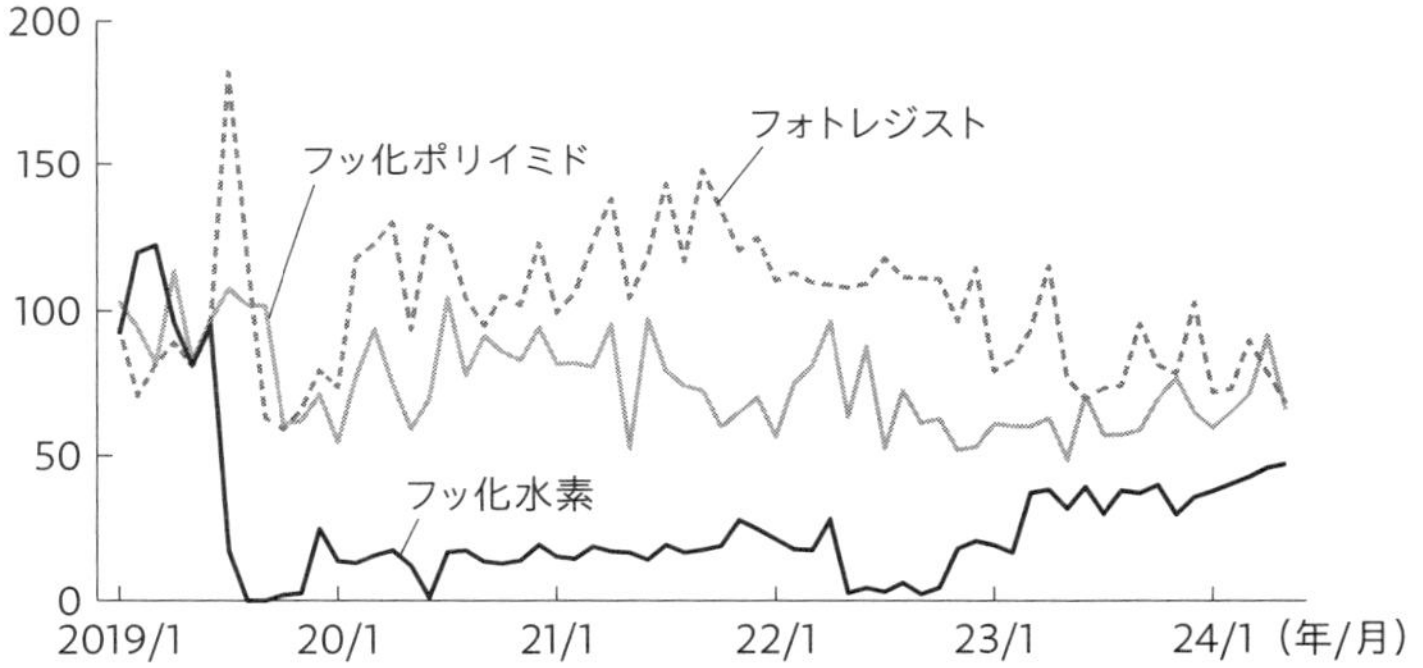

注）2018年の月平均を100として指数化
出所）韓国貿易協会調べ

大統領権限による恩赦の可能性もあることから、政府の意向を忖度《そんたく》せざるを得ない状況だった。

日本政府はこうした韓国の反応を読み違え、同措置はやがて「ブーメラン」となって日本企業に被害をもたらした。

韓国の貿易統計上ではフッ化水素の20年の対日輸入は18年比で8割減となった。ステラケミファの半導体・液晶向けのフッ化水素出荷量は3割減で、非上場企業の森田化学も同水準の売上高減少となり、同社は「韓国以外への出荷を増やして減少分を補う」とした。そして日韓関係の改善とともにフッ化水素の輸出額はじわり回復傾向にある。サプライチェーンを担う日韓企業は政治に振り回されない体制づくりも急いでいる。

日本の輸出管理措置の影響として、短期的に見れば、フッ化水素の輸出減にとどまったといえるかもしれない。しかし、同措置がサムスンら韓国企業に与えた衝撃は今後も残り続ける可能性が高い。その一端がサムスンの国内企業への出資で見て取れる。サムスンと出資先企業が韓国取引所に提出した事業報告書によると、サムスンは20年から21年にかけて半導体関連の素材や装置の中堅企業9社に計2762億ウォン（約300億円）を出資した。1社あたりの出資金額は少額ながら、技術支援で国内企業の育成姿勢を示している。

これまでサムスン自ら、サプライヤーに出資することはほとんどなかった。矢継ぎ早の出資には韓国産の装置・材料を買い支える形で育成しながら国内に安定調達網を自ら確立する狙いがある。

出資先は、フッ化水素のソウルブレインや、半導体ウエハー研磨装置のKCテックなどだ。日本企業が高いシェアを持つ品目が多い。半導体マスク用の保護部材を手掛けるFST（ファインセミテック）や、エッチング材料のDNFなど、先端素材企業にも出資した。サムスンは出資の狙いについて「多様な協力企業との関係を強化し、自社の半導体競争力を高めていく」としている。

こうした韓国企業の国産化を、政府も強力にバックアップする。10年単位の研究開発や技術蓄積が必要とされる分野であることから、日本の素材や装置大手と肩を並べるにはまだ時間がかかる見通し。それでも半導体とディスプレーで10兆円超の売上高を誇るサムスンが買い手として育成し続ければ代替されるリスクはある。

韓国半導体産業協会の安基鉉《アン・ギヒョン》専務は「仮に日本の輸出規制が19年7月以前に戻っても、一度置き換わった材料は日本製には戻らない」と言い切る。19年時点で大統領府の経済トップを務めた金商祚《キム・サンジョ》政策室長は「日本の措置によって我が国の素材産業が発展し、いつか『サンキュー安倍さん！』と言える日が来るはずだ」と話した。

韓国の政治やメディアにはびこる「ヌンチ」

韓国では「ヌンチを見る」という言葉が日常的に使われる。ヌンチとは「空気」や「雰囲気」を意味し、日本語の「空気を読む」とほぼ同義の言葉だ。周囲や相手の要望をくみ取って自ら進んで動くことを指し、韓国社会で要領よく生き抜くために必要なスキルとされる。

これまでも韓国財閥は時の政権のヌンチを見て、政権と財閥が一体となって経済発展にまい進してきた経緯がある。その一部には政経癒着もあり、大統領経験者が退任後に贈収賄事件などで財閥トップらとともに逮捕されるのもこうした「暗黙の便宜要請」が長く残ってきたためでもある。

韓国では政治とメディアは共鳴して社会の空気をつくる。特に政治関連の報道においては事実を報じるのではなく、メディア側の主張があたかも事実かのように描かれることが多い。そのために偏向的な報道が散見される。半導体素材の輸出管理を巡る日韓の対立時にも、韓国では事実に基づかない報道がひとり歩きした。

日本政府の輸出管理措置から2年を迎えた21年7月、韓国政府は素材・部品・装置産業の国産化成果報告会を開いた。文在寅大統領は冒頭スピーチで「奇襲攻撃のような日本の不当な輸出規制に対抗し、自立の道を歩んで2年になる」と切り出した。8分間のスピーチでは半導体関連素材3品目の日本依存減少を「成果」とした。

文氏の言葉どおり、管理措置対象とした半導体材料3品目のうち、フッ化水素の日本依存度は明確に下がった。日系のステラケミファや森田化学工業の対韓輸出が減り、サムスン電子が出資するソウルブレインや、ＳＫグループのＳＫマテリアルズといった韓国企業製のフッ化水素に一部工程で代替されたことが原因だ。

その一方で、高性能レジストについて韓国政府は「ベルギーからの輸入が増え、対日依存度は下がった」と主張した。たしかにベルギーからのレジスト輸入額は19年7月を境に10倍以上に増加していた。ただその担い手は日本のＪＳＲの子会社で、日本企業から購入していることに変わりはない。レジスト全体の日本からの輸入額は20年に22％増の3億2829万ドル（約460億円）で21年も増加傾向。そして日本依存度も8割超と高いままだ。

さらに現実との乖離《かいり》が著しいのがフッ化ポリイミドだ。韓国政府は「代替素材の『極薄ガラス』を採択し、対日輸入は事実上ゼロになった」と言い切った。極薄ガラスは、サムスンの折り畳み型スマホに採用されているカバー素材だ。折り畳み型スマホの出荷台数は当時、440万台（20年、証券会社調べ）とサムスン出荷台数の1％ほどにとどまっており、多くのスマホにはフッ化ポリイミドが依然として使われていた。当時の対日輸入額は21年1～6月で前年同期比15％増の4430万ドルと、日本依存度も特段下がっておらず、「事実上ゼロ」とはほど遠い。

これら貿易統計の数字を見る限り、韓国政府が主張した「脱日本依存」は限定的だ。公開情報に照らして検証すれば、韓国政府の発表内容は都合のいい情報だけを恣意的に取り上げている実態が浮かび上がる。しかし、韓国メディアは政府発表を検証なく垂れ流し、多くの韓国国民は貿易統計の数字を見ないままに政府発表の「脱日本依存の成果」に酔いしれた。

韓国語では新聞社やテレビ局といったメディアのことを「言論社」と呼ぶ。社会の意見が割れるような様々な社会的なテーマに対しては客観報道ではなく、明確なスタンスをとって報道することが多い。そして日本が関係する話題についてはメディアと政治家が日韓の対立構図を煽り、韓国社会の声を反日に染め上げる傾向が強い。

残念ながら、対日本では過去の友好的な出来事はあまり語り継がれない。安倍政権による輸出規制によって韓国経済界が混乱したことばかりが現在も強調される傾向にある。安倍政権の措置に至った背景について触れることはなく、「唐突に韓国産業界に攻撃を加えた」と報じるメディアが多かった。事実に基づいての議論が、時に集団の情緒によって押し流される。その結果として無用な対立を生む構図に陥っている。

特に日韓関係においては韓国世論の沸点は驚くほど低い。1960年代~80年代の軍事独裁政権時代に日韓の経済交流によってサムスンほか様々な韓国財閥が勃興し、韓国経済が「漢江の奇跡」と呼ばれるほどに急成長を遂げたことは韓国社会の記憶から抜け落ちてしまっているのが現状だ。実際に体感した高齢世代も口に出すのがはばかられる空気がある。韓国社会の「ヌンチを見る」文化は簡単には変わらない。

3　鉄・車・ラーメンも、日本から技術移転

韓国では評価されない真実の経済史

韓国社会では1987年までの民主化以前の軍事政権時代を「圧政時代」と評価する傾向が強い。韓国の高校生が学ぶ教育省検定の標準的な歴史教科書『韓国史』（東亜出版編）では、87年の民主化運動は「民主主義の偉大な勝利で、長い軍事独裁政治を終わらせ、平和的政権交代の道を開いた」と評価される。実際に軍部独裁下で政権に批判的な一般市民が拷問を受け、時に命を落とすなど負の側面はあった。

ただ、経済的な観点で見れば朴正煕政権（63年〜79年）時代の経済政策は韓国経済の急速な発展の礎となっているのは事実だ。

朴正煕政権は米国と日本からの借款と援助をもとに、国内企業が主導する形で経済開発を進めていった。東南アジアの国々が市場開放によって外国資本の直接投資を受け入れて経済を発展させたのとは対照的だ。

まず政府が資本を分配する形で大方針に沿って国内企業を動かして産業振興を進めていった。韓国では「企業別主力産業」と呼び、財閥企業ごとの主力産業を定めて政府差配のもとで事業を拡大していった。この判断がなければ、サムスンや現代、LG、SKは現在のようなグローバル企業になり得なかっただろう。

その韓国産業界の黎明期に日本の経済協力が果たした役割は大きい。日本は65年の日韓請求権協定の中で、双方の債権・債務の関係を清算し、互いに未払いの賃金など個人の財産・請求権問題について「完全かつ最終的に解決された」と確認した。その上で日本から無償で3億ドル、有償で2億ドルを経済協力金として支給した。当時の韓国の国家予算を上回る巨額の協力金だった。

歴史教科書『韓国史』には「韓日国交正常化で日本から流入した資金と西ドイツへの鉱夫と看護師の派遣による外貨獲得、ベトナム戦争派兵で得た資金が経済開発に大きな役割を果たした」と記され、また「この時期、政府は浦項に総合製鉄所を建て始め、京釜高速道路など社会資本を蓄積した」と結んでいる。

この浦項総合製鉄（現ポスコホールディングス）の設立こそが、韓国を1次産業と軽工業中心の経済構造から現在に至る輸出主導型の重化学工業国家へと転じる大きな転換点となった。鉄鋼や化学、機械、造船、家電、それらはやがて半導体やディスプレー、電池といった現在の「国家核心産業」へと発展していった。この浦項総合製鉄の立ち上げに多数の日本人技術者がかかわったことは、韓国内ではあまり知られていない。歴史教科書でも資金については触れられているものの、日本の技術協力については語られていないのが現状だ。

韓国産業界の源流、浦項総合製鉄の誕生

『浦項製鐵の建設回顧録』という本がある。70年代前半を中心に韓国南東部の浦項市において、銑鋼一貫製鉄所の建設プロジェクトにかかわった日本側の鉄鋼マンの文集で、97年に刊行されて同プロジェクト関係者に配布された。発行部数は400部ほどだったという。

筆者は総勢34人。技術協力を担った新日鉄（現日本製鉄）と日本鋼管（現JFEスチール）に所属した技術者らだ。ポスコ初代会長の朴泰俊《パク・テジュン》氏が寄稿し、派遣時に海外技術協力部長を務めた新日鉄の有賀敏彦氏の回顧文から始まる。本のタイトルどおり、皆、思い思いに韓国での仕事の様子や日常生活について体験と感想をつづる。

その本の最後のページ、33人分の筆者の住所録があった。まだ個人情報保護が緩

かった時代のもので、氏名と住所、電話番号が並ぶ。私が入手したのは２０２２年の暮れ。翌23年の６月は浦項製鉄所の高炉稼働から50周年を迎える予定だった。「当時の技術者たちに会って話を聞いてみたい。韓国の経済発展の原動力となった彼らの言葉を書き残したい」。その想いから、33人の名簿の上から順番に電話をかけていった。

１９７０年代前半に韓国に来ていた鉄鋼マンなので、若くても80歳前後。有賀敏彦氏は回顧録刊行から10年ほどで鬼籍に入っており、実際に何人に話が聞けるかは見通せなかった。

33件の電話番号の半数はつながらなかった。つながったとしてもその半数は家族が出て既に亡くなったとの回答だった。さらに存命だったとしても老人ホームに入居したり入院中だったり……。認知症を理由に取材を辞退する家族もいた。紹介も含めて実際に話を聞けた日本人の鉄鋼マンは、80歳から88歳までの男性７人だった。

日本側からの証言だけでは客観性を欠く。そこで韓国側、技術を伝授された側の鉄鋼マンにも取材したいと考えた。業界の人脈を通して３人のポスコの元技術者を紹介してもらい、50年前の話を聞いた。驚いたのが、80歳前後の男性３人全員が日本語を流ちょうに操ったことだった。聞けば、ポスコ入社時に日本語研修を通してたたき込まれたという。製鉄所稼働前に入社したポスコ技術者は日本各地の製鉄所に１年間ほど派遣されて操業研修を受けるため日本語が必須だったという事情がある。

こうして浦項製鉄所の高炉稼働（火入れ）から50年の節目となる2023年6月8日、私は「ポスコと日韓 高炉稼働50年」という連載記事を日本経済新聞に書いた。その記事から一部を抜粋する。


朝鮮戦争で荒廃した国土再建と、北朝鮮に対抗するために韓国政府は一貫製鉄所の建設計画を急いでいた。石炭と鉄鉱石に恵まれた北朝鮮では日本統治下で建設された旧式の製鉄所2カ所が稼働しており、韓国も「鉄源」が必要だった。

韓国は65年の日韓基本条約で得た5億ドルの経済協力資金のうち1億2000万ドルを製鉄所建設に充てた。日本の富士製鉄、八幡製鉄（ともに現日本製鉄）、日本鋼管（現JFEスチール）の高炉3社と技術支援契約を結び、多い時には100人ほどの日本人技術者が浦項で技術指導にあたった。

韓国側が欲したのは臨海一貫製鉄所。モデルは八幡製鉄の君津製鉄所（千葉県君津市）だった。鉄鉱石と石炭をばら積み船で運び込み、自動車工場など消費地の近くで鉄をつくる。効率を突き詰めた君津の設計思想を、浦項製鉄所は踏襲した。

一貫製鉄所の操業には多数の技師が必要だった。操業研修のために500人を

日韓の技術者が協力し合ってポスコ浦項製鉄所は誕生した

超える韓国人技術者が来日した。八幡と富士が70年に合併した新日鉄の釜石（岩手県釜石市）、室蘭（北海道室蘭市）、広畑（兵庫県姫路市）、そして日本鋼管の京浜（川崎市）の各製鉄所が受け入れを担った。

受け入れ準備に奔走した新日鉄浦項製鉄協力部の中川豊氏は「皆が日本語を勉強した上で来日し、韓国初の一貫製鉄所を絶対成功させるという強い使命感を持っていた」と振り返る。

ポスコ製鋼部門の鄭龍熙《チョン・ヨンヒ》氏は日本鋼管の製鋼工場で操業を体得した一人。「製鋼炉も見たことがなかった我々に工場全体の操業まで任せてくれた。ものづくりの哲学など契約以上の大切なものを教えてもらった」と話す。

日韓産業史の1ページを紹介した本記事が掲載されると韓国の人たちからも反響があった。日本から技術協力を受けたことは知っていても、どんな人がどんな想いで製鉄所建設に奔走したのかを知らなかったという声が多かった。

さらに、韓国人読者の胸を打ったのが、高炉の稼働時に赤く光る銑鉄が流れ出た際に日韓の技術者らが肩を組んで韓国の愛国歌を一緒に歌ったという証言だ。現場の技術者同士が日韓の国籍の違いを超えて心を通わせて韓国に最新鋭の製鉄所をつくろうと団結していたことを示すエピソードであるためだ。

その現場にいた小西敞氏も愛国歌を歌った1人だ。300人余りの男たちが太い歓声をあげ、汚れた作業服で抱き合ったという。「あの光景は格別だった。技術者として満足いく仕事ができた。人生のハイライトだった」と目を細めながら語ってくれた。

日韓鉄鋼マンの「遺言」

ポスコ創設の記事では、実際に話を聞いた日韓の鉄鋼マンの声も載せた。そこには1970年代という難しい時代において、韓国の発展のために尽力した彼らの覚悟がにじむ。本書でもその言葉を紹介する（年齢は2023年6月の記事掲載当時）。

「韓国の人々の力にならなければ」

元新日鉄、稲崎宏治氏（80）

ポスコには韓国のエリート人材が集められており、物事を理解し判断する能力の高さに驚かされた。彼らも死ぬ気で技術を吸収しようとしており、その姿勢に我々も心打たれて強いやりがいを感じていた。正直に言えば、技術協力には韓国への贖罪《しょくざい》の意識もあった。戦後すぐの日本には朝鮮半島にルーツを持つ在日朝鮮人が大勢残っており、多くの日本人が彼らを虐げていた。その理不尽な扱いに小学生の私は後ろめたさを感じていた。私より上の世代には、彼らの力にならなければいけないという意識があったと思う。

1970年代の韓国の給与水準は日本の10分の1程度。ポスコ稼働後にこれほど急速な経済発展を遂げるとは思わなかった。韓国の製鉄技術者たちの努力が土台になった。私の圧延計算機制御の技術支援が終わった後も個人的な交流は続いた。担当係長だった李善鍾さんとは10年後にソウルで韓国焼酎を酌み交わした。彼らとの交流は私の人生の宝物になった。

「民族の血の代償、製鉄所の建設に命を懸けた」

元ポスコ、李善鍾《イ・ソンジョン》氏（78）

浦項製鉄所の立ち上げメンバーは皆が「製鉄報国」の精神を持っていた。製鉄所の建設費に充てた日本からの経済協力資金は、民族の血の代償として得たもの。命を懸けてやり遂げる、という切迫感があった。我々は新日鉄の技術者から製鉄所建設、設備操業まで勉強させてもらった。コア技術は外部に任せず、自社内で抱えるという哲学は今も生きている。浦項での蓄積が光陽製鉄所につながり、ポスコの躍進を導いた。

日本の技術者は我々が理解できるまで議論に付き合ってくれた。熱延設備のコンピューター制御技術を教えてくれた稲崎宏治さんは本当の先生だった。50年たった今も元同僚が集まると、稲崎さんら日本人の話が出る。韓国焼酎を飲んで騒ぎ、濃密な時間を過ごした。我々、日韓の鉄鋼マンにはそんな時代があった。

「国内批判が仲間意識生んだ」

元新日鉄、日高幹雄氏（88）

浦項製鉄所の企画・仕様決定・建設を担った。当時は30代後半で働き盛り。世界に誇れるいい製鉄所をつくりたいという一心で取り組んだ。ただ、僕らの仕事に日本の社会は否定的だった。ベトナム戦争が連日報道されていたこともあり、韓国の軍事独裁政権に技術支援しているとしてマスコミからも批判された。当時は褒められたことなんて一度もなかった。

まだ貧しかった韓国で発展の礎となる製鉄所をつくりたい、私にそう思わせてくれたのは国を背負っているポスコ技術者の熱意だった。日本での「韓国に一貫製鉄所は無理だ」といった声に対して、新日鉄とポスコの技術者はともに見返してやりたいと感じていた。それが仲間意識にもつながった。

「研修での粋な計らい、深い義理を感じる」

元ポスコ、鄭龍熙《チョン・ヨンヒ》氏（78）

大学で冶金学科を出た私は１９７２年に製鋼部門に配属され、入社半年で日本鋼管の川崎市の製鉄所に向かった。初めて見た溶けた鉄は太陽のように輝き、畏敬の念を持った。１９０１年に官営八幡製鉄所を稼働させた日本との70年の技術差を感じたことを強く覚えている。

元住吉（川崎市）にあった独身寮から毎日、製鉄所に通った。不慣れな日本語での生活は大変だったが、つらいと感じる余裕もなかった。川崎の焼肉店の在日韓国人の店主は「祖国にすばらしい製鉄所をつくってください」と激励してくれた。

日本各地の製鉄所に散った研修生は皆、国家のためという強い使命感を持っていた。研修の終盤、製鋼工場長が突然「お前たち、全部自分たちでやってみろ」と告げた。研修とはいえ自分たちの工場操業を部外者に任せるなんて考えられないこと。１週間、我々に操業を託してくれた。とにかく感激した。我々製鋼部門は日本鋼管に、そして日本の鉄鋼産業に深い義理がある。

「技術移転は止められない」

元新日鉄、佐竹忠氏(80)

ポスコへの技術支援が決まった時、やがてポスコが新日鉄の手ごわい競合となる「ブーメラン効果」の懸念はあった。室蘭製鉄所の幹部は「新日鉄は技術力を磨き先行する、だから心配するな」と言っていた。ポスコの技術者を招いた操業研修の際には、マニュアルは見せてもいいがコピーは禁止というのが原則だった。ただ「聞かれたことは何でも答えていい、日本人として恥ずかしくない対応をしろ」とも言われていた。しかし、浦項製鉄所に派遣された時、新日鉄の資料があった。誰かがコピーして持ち込んだのだ。個人的には与えすぎたかもしれない、とも感じていた。

1980年代に入ってポスコの鋼材がどんどん日本に輸入され、ポスコ第2の生産拠点、光陽製鉄所が稼働した頃にはコスト競争力で太刀打ちできなくなっていた。その一方で、日本が技術支援しなければドイツなど他の国が支援していただろう。結局のところ、技術移転は止められない。

「日本との協力、次世代に伝えなくては」

元ポスコ、李元燮《イ・ウォンソブ》氏（80）

1960年代の韓国は今では考えられないくらい貧しかった。食事は米とキムチだけの家庭が多く、卵を食べるのも大変だった。国を豊かにする、韓国の国力を高めるためにも銑鋼一貫の製鉄所を完成させなければならないという切迫感があった。ポスコ入社後すぐに日本語を勉強して日本の製鉄所での半年間の操業研修に備えた。

新日本製鉄の技術者たちは知識の足りない我々に何でも教えてくれた。ともにいい製鉄所をつくろう、人類の技術を前進させようという想いで団結した。ただ、こうした歴史を韓国では誰も語りたがらない。韓日関係は時に対立し、韓国内では政治的に利用されてきたためだ。政治的な話ではなく、日本が様々な分野で協力してくれたことを韓国としては忘れてはいけないと次の世代には伝えていく必要がある。

本インタビューの最中、数人が「死ぬまでにあの人に会いたい」という話をしてくれた。人と人を引き合わせるのも記者の仕事。日韓の鉄鋼マンの再会の場に自分も立ち会いたいという思いから、取材の域を超えて50年ぶりの同窓会を企画した。

1つは新日鉄の室蘭製鉄所で働いた佐竹忠氏と鷲田政昭氏を釜山で出迎え、50年前に技術支援で滞在した浦項市でポスコの李元燮氏に引き合わせるもの。もう1つはポスコの李善鍾氏を東京に連れて行き、恩人と慕う新日鉄の稲崎宏治氏との会食をセットした。私は旅程を決めて航空チケットや宿泊施設を手配した。

そんな同窓会の準備中、日経の東京本社のデータビジュアルセンターから「連載記事『ポスコと日韓 高炉稼働50年』を映像作品にしないか」と声がかかった。日本経済新聞電子版は動画コンテンツにも力を入れており、ドキュメンタリーとして知られざる日韓産業史を映像化したいとの趣旨だった。

私は同窓会に取材カメラを入れさせてもらい、数十年ぶりの再会を軸としてドキュメンタリー作品「NIKKEI FILM 日韓〝鉄の絆〟次世代につなぐ」をデータビジュアルセンターの記者、カメラマンらと制作した。この20分間の動画は、日本経済新聞電子版のほかYouTubeでも視聴できる。このポスコ設立を巡る日韓技術協力の記事は、私の中でも一生忘れない大切な記事となった。

図4-2　ポスコ稼働で韓国の経済成長が加速（日韓の1人あたりGDP推移）

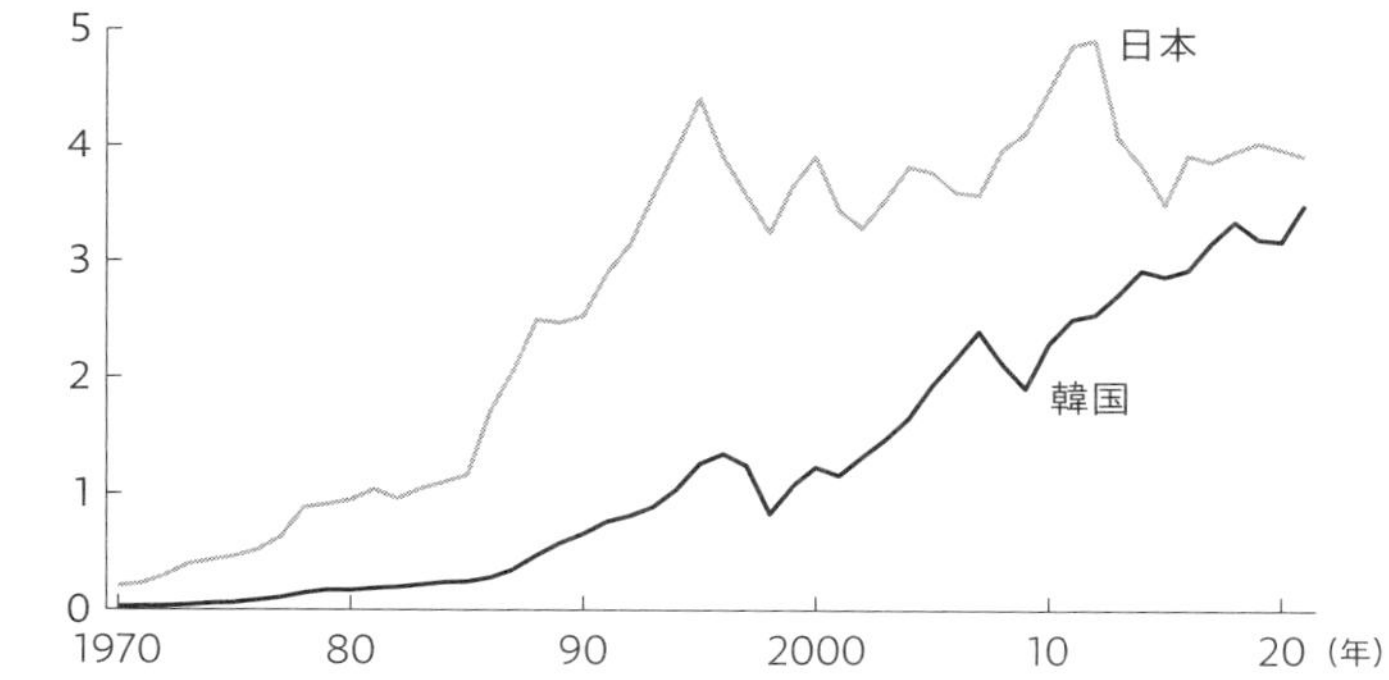

出所）IMF

１９７０年代はまだ「鉄は国家なり」とされた時代。韓国が幅広い産業の最上流の鉄源を得たという意味で、浦項製鉄所の稼働は韓国の産業構造を変えた。国内の産業インフラに使われ、自動車や造船、家電、プラント設備という輸出主導型の産業構造を形作った。その土台の上に、世界企業に育ったサムスン電子や現代自動車、ＬＧ電子といった韓国財閥が力を蓄えていった経緯がある。

北朝鮮並みだった韓国の経済水準は輸出産業の成長とともに急拡大した。釜山大学の宋成守《ソン・ソンス》教授は「ポスコの稼働は韓国にとっての産業革命。軽工業から重化学工業への転換、そして半導体など新しい産業を生み出す原点となった」と分析する。

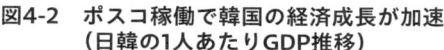

日本の産業界にとっては功罪両面がある。設備産業には恩恵が大きかった。浦項製鉄所の建設プロジェクトは、三菱重工業や石川島播磨重工業（現ＩＨＩ）などの海外展開の先駆けとなった。その一方で、鉄鋼のほか、造船や家電、化学など日韓は幅広い産業で競合した。さらに薄型テレビや半導体、ディスプレーなどデジタル分野では韓国が日本に先行する場面も増えていった。アジア経済研究所の安倍誠上席主任調査研究員は「技術協力によって日本産業界の手ごわい競合を育てたのも事実だ」と指摘する。

政治対立に揺れない産業協力を

ポスコと新日鉄のように、かつて日本企業が支援した韓国企業がやがて強い競合先に育つ構図はサムスンやポスコに限らない。

今や世界3位の自動車グループとなった現代自動車も、80年代に三菱自動車の京都製作所に技術者を派遣してエンジン製造などで技術支援を受けた。２０２３年11月に韓国南東部の蔚山《ウルサン》市の主力自動車工場においてＥＶ専用棟の起工式を開いた際には、三菱自動車から技術を学んだ歴史を紹介した。かつての技術者らの研修時のメモなどを展示し、自社技術のルーツをひもといて技術革新を続けてきた点を強調した。

サムスンと競い合う関係のＬＧ電子も、１９６０年代の家電進出時から日立製作所の技術協力を受けた経緯がある。両社の提携は半導体や昇降機事業にも広がり、幅広い事業で合弁会社を設立した。

日系企業との関係が特別に深いのは、東京で設立された異形の韓国財閥ロッテだろう。朝鮮半島出身の辛格浩《シン・ギョクホ》（日本名は重光武雄）氏が48年に興したチューインガム事業が祖業で、日本の高度成長期に稼いだ財をもとに、これから高度成長が始まる70～80年代の韓国に資本投入して日韓にまたがる巨大財閥を建設した。その過程で流通やサービス分野の幅広い日本企業と合弁を組み、日本のビジネスモデルを次々と韓国に持ち込んだ。財閥ロッテは日本での売上高は３０００億円ほどなのに対して、韓国では7兆円規模の売上高を誇る。

61年創業の三養《サムヤン》ラウンドスクエア（旧三養食品グループ）は、朝鮮戦争の休戦後の厳しい食糧事情下で、日本の明星食品から技術導入を受けて韓国初の即席麺「三養ラーメン」を売り出した。現在の同社主力の激辛即席麺「プルダックポックン麺」は１００を超える国・地域に輸出。中国や米国、日本などで販売を伸ばし、年間売上高１３００億円のうち海外比率は70％に達する輸出企業に育っている。

こうした日韓産業協力の歴史を多くの韓国人は知らない。学校で習わず、メディアも報じない。そのため知る機会も少ないのが実態だ。軍事政権時代に日本から施しを受けたように語られれば、「対日屈辱外交」と見る向きもあって積極的に語られない事情がある。

実際に浦項市の製鉄所そばにある「ポスコ歴史館」では、日本の技術協力の展示は1枚の写真とともに短く記述されているだけ。意図したものかどうかは不明だが、熱延工場の稼働時に経営トップらが万歳している展示写真では、もともと左端に映っていた日本人技術者が削除（写真のトリミング）されていた。「我々の手で一貫製鉄所を建設した」との記述には国威発揚の思惑も透ける。

世界最貧国だった60年代から「漢江の奇跡」や「アジア通貨危機」を経て、日本と並ぶ経済水準を達成した韓国。生活が豊かになっていった経済発展期に現役だった世代は徐々に姿を消している。半導体サプライチェーンに限らず、相互補完的な日韓産業協力は今後も両国に恩恵をもたらす。２０２５年は、１９６５年の日韓国交正常化から60周年の節目の年。良好な日韓関係を反映して両国で様々な催しが企画されている。この節目となる今こそ、政治対立などで簡単には揺さぶられない強固な日韓産業界の協力体制を構築しておく必要がある。

中国に渡った半導体技術者の裁判が続く水原裁判所

第5章

背後に迫る中国企業、歴史は繰り返す

1　中国でサムスンのコピー工場計画

被告席にはサムスン元常務

韓国サムスン電子が本社を置くソウル近郊の水原市。同市の地方裁判所402号法廷で、韓国産業界が注目する裁判が進行していた。

「サムスン電子で作成される文書は1日数万件。その大多数が『国家核心技術』に該当する。私は中核事業所のエンジニアとして各文書のセキュリティーレベルを分類する業務に就く。今回流出した半導体工場の詳細な図面は国家核心技術であり、絶対に外部に流出してはならないものだった」――。2024年3月、証人として法廷に立ったサムスン電子の情報保護センター次長職の男性は、強い口調で主張した。

産業技術保護法違反事件。サムスン電子半導体部門の元常務が、サムスン内の工場の図面資料などを持ち出すように元部下らに指示して不正に入手し、それをもとに中国陝西《センセイ》省で半導体工場の建設を進めたとされる事件だ。

被告席に座るのはサムスン元常務の崔珍奭《チェ・ジンソク》（23年の逮捕時65歳）被告。崔被告は1984年にサムスン電子に入社。半導体メモリーの技術者として常務まで昇進した。2001年にはハイニックス半導体（現SKハイニックス）に転じ、同社の副社長を務めて10年に退社した。サムスンのメモリー担当常務、SKハイニックスの技術トップである最高技術責任者（CTO）まで務め、韓国半導体産業に大きな貢献をしてきた人物だ。

事件の概要は複雑だ。検察の起訴状によると、崔被告と協力会社職員ら計7人は中国陝西省に半導体メモリー工場を建設しようとサムスン半導体工場の図面情報を不正に取得したとされる。韓国メディアによると取得時期は12年頃だ。半導体工場のクリーンルーム内の製造装置の配置図や、半導体の回路形成のための特殊ガスや化学材料の配管といった工場内のレイアウト図面などの技術情報が含まれていたという。

韓国の情報機関である国家情報院が内偵を続けて19年8月に検察が捜査を開始。崔被告が病気療養のために中国から韓国に帰国した23年5月に逮捕した。協力会社職員らは在宅起訴された。崔被告ら7人は全員起訴事実を否認している。

産業技術保護法違反では3年以上の懲役刑とともに15億ウォン（約1億5000万円）以下の罰金が科される。

崔被告は中国四川省の成都市政府が出資する企業から約500億円の投資を受けて半導体設計会社を設立。サムスンやSKハイニックスの元同僚の技術者に対して当時の年俸の2倍ほどの給与を提示しておよそ200人の半導体技術者を採用。中国でメモリー製品を試作していたとされる。

さらにシンガポールに半導体製造会社を設立。18年から19年にかけて「台湾の電子製品生産・販売企業」（韓国検察）から8000億円規模の資金援助を受けて、中国の陝西省西安市に半導体工場を建設する計画を進めていた。韓国検察は出資者を明確にしなかったが、台湾の鴻海《ホンハイ》精密工業との見方が有力だ。悲願の半導体進出を狙う創業者の郭台銘《テリー・ゴウ》氏が主導して資金を工面し、競合として長く敵視してきたサムスンなど韓国勢の技術を中国に持ち込んで半導体工場を稼働させようとした。事件が明らかになった際、鴻海の広報担当者は日本経済新聞の取材に対し、「本件に関するコメントは差し控える」と述べるにとどめた。

18〜19年は、トランプ米政権が中国の半導体産業の勃興を問題視して抑え込みに動き始めた時期と重なる。鴻海は当時、米国でディスプレー工場の建設を進めると表明してトランプ政権との関係を重視していた。郭台銘氏とドナルド・トランプ大統領が米ウィスコンシン州の工場建設予定地で固く握手を交わしたものの、結果的に米国のディスプレー工場は実現しなかった。当時のトランプ政権は中国の台頭に警戒感を強め、特に軍事転用が可能な半導体技術について厳しい規制を訴え始めていた。こうした背景から鴻海は米国の意向をくんで、崔被告の中国半導体プロジェクトへの資金援助を断念した経緯がある。

崔被告らの計画では、サムスンの西安工場からわずか1・5キロメートルほどの場所に新たな半導体メモリー工場を建設しようとしていた。韓国検察は「韓国の経済安全保障に悪影響を及ぼしかねない重大な犯行だ」と強調する。検察はサムスンの被害額は少なくとも3000億ウォンにのぼると試算した。技術情報が中国に持ち込まれて工場稼働まで実現されていれば、台湾資本によるサムスンのコピー工場が中国・西安市に稼働していた可能性があり、サムスンの事業機会を奪うことになりかねなかったと韓国検察は糾弾する。

韓国ではこうした技術流出防止のための産業技術保護法の強化を急ぐものの、今回の事件は法整備以前に中国側に図面が渡っている可能性もあり、実際に有罪に持ち込めるか、裁判の行方は見通しにくい。それでも韓国検察がサムスン元常務という大物の逮捕にまで踏み切ったのは、中国による技術獲得の攻勢が止まらないため、「見せしめ」としての意味合いもある。

技術流出、検察の立証ハードル高く

私は23年7月の初公判から駐在任期末の24年3月まで、この刑事裁判を傍聴し続けた。

拘束期間中、出廷した崔被告は「3169」という拘置所での管理番号が大きく書かれたベージュ色の拘留服を着せられていた。法廷内での検事、弁護士、証人は皆スーツに身を包んでいることから、拘留服を着た崔被告がひどく目立っていた。初公判には崔被告の妻と娘も傍聴席に座り、夫婦・父娘で視線を交わした。突然の拘置所生活を強いられ、顔色悪く疲れた様子の崔被告を見た妻と娘が傍聴席で涙を流していたのが印象的だった。

23年11月の5回目の公判で裁判官が逃亡や証拠隠滅の恐れがないと判断し、崔被告はようやく保釈されて在宅起訴に切り替わった。その結果、同年12月の6回目裁判以降は崔被告の服装はスーツに変わり、妻と娘を伴って法廷に姿を現すようになった。

裁判で被告側全員が容疑を否認する中で、崔被告がサムスン電子の半導体技術情報を取得するためどのように指示したのか、その図面が国家核心技術に該当するのか、被告らの共謀の有無など争点は多く、被告らはいずれも無罪を主張して起訴事実を争う姿勢を示す。これまでの十数回の公判では検察側から明確な証拠や証言は示されていない。

被告人側の証人の体調悪化のため公判そのものが延期され、韓国の司法行政機関の異動期で担当裁判官の交代などもあって公判の進行は遅れている。証人として呼ばれたサムスン電子情報保護センターの次長は「保護措置に数千億ウォン（数百億円）を投じてきたものの、機密資料が流出したようで重い責任を感じる」と話すなど、状況整理の審議が続いている状況だ。24年11月時点では結審時期の見通しは立っていない。

韓国の経済団体である韓国経済人協会が22年10月に発表した調査によると、17〜21年の5年間で、産業技術保護法違反で1審判決が出た事件は計81件。そのうち無罪となった事件は34・6％を占め、執行猶予付き有罪は39・5％、罰金刑は8・6％で、身柄を拘束されて刑務所に送られたのはわずか5件（6・2％）にとどまった。韓国の刑事事件全体の無罪率（約3％）と比べても10倍以上の開きがある。それほどまでに検察側にとって技術流出の犯罪事実を立証するハードルが高い。

サムスン元常務が中国に半導体工場を建設しようとした今回の事件でも、公判を傍聴している限り、検察側が攻めあぐねている印象が強い。

米中対立で半導体産業が焦点の1つとなる中で、米国の対中規制の間隙を突くような今回の事件。韓国と中国、台湾とシンガポールが絡む国際的な犯罪事案で、韓国の法曹界だけでなく、世界の半導体産業にとっても注目度が高い。現時点では判決の行方はまだ見えないものの、韓国の法規制のあり方、さらに米中対立下の規制のあり方にも一石を投じる判決となる可能性もある。

中国企業への転職、後を絶たず

かつて日本企業から技術を貪欲に吸収したサムスンが、今は技術を奪われる側に回った。ただ、サムスンも手をこまぬいているわけではない。世界各地の研究開発や生産拠点に情報漏洩対策を施して技術流出に目を光らせてきた。

「飲み会の店の地図を印刷しただけなのに」。サムスンの研究所に勤める男性技術者は、退社時にゲートで警備員に呼び止められた。問題視されたのは会食場所の地図を印刷した紙だった。社内の複合機で使う印刷用紙には特殊な金属箔が埋め込まれ、探知機が反応する仕組み。社員が無断で技術情報を印刷して持ち出せないように導入された。研究所や工場内で従業員のスマホによる撮影・録音機能を無効化するのは当たり前。印刷用紙にまで漏洩防止策を講じ、社員を介した情報流出防止を徹底する。新型コロナウイルスの感染拡大に伴って韓国政府が在宅勤務を推奨した際にも、サムスンは技術情報の持ち出しが必要な在宅勤務は認めなかった。パソコンは事業所に備えつけられたものしか利用できず、そのパソコンからしか会社のデータにアクセスできないセキュリティー対策が施されている。「なぜ我々だけが息苦しいマスクを着用して出社を続けなければならないのか」。出社を義務づけられた技術者らからは不満の声も漏れた。

転職による技術流出も後を絶たない。サムスンや政府当局は技術流出阻止の網を張るが、技術者の転職を防ぎきれていないのが実態だ。どれだけ対策を徹底しても、国内で20万人規模の従業員を抱えるサムスンが社員一人ひとりの行動を縛ることはできない。米政府主導で対中包囲網が狭まり、正攻法での技術蓄積が難しくなった中国企業が暗躍しているためだ。

韓国の特許コンサルタントの柳炅東《ユ・ギョンドン》氏が米国特許商標庁の特許出願リストを詳細に分析したところ、米政府が特に警戒し、半導体製造装置を事実上輸出禁止とする「エンティティーリスト」対象企業とした中芯国際集成電路製造（ＳＭＩＣ）所属の研究員として62人の韓国人の氏名が確認されたという。クォン・イジン、チョン・テソプ、キム・ボンギル――。柳氏は「少なくとも100人以上の韓国人研究者がSMICに所属している」とみて分析を続けている。

サムスンの半導体部門の頭脳が集まる生産技術研究所があるソウル市郊外の華城キャンパスで働く技術者には、米中ハイテク摩擦が本格化して以降、ヘッドハンティング会社からの連絡が増えているという。ワシントンや北京から遠く離れた韓国・華城市もまた、米中対立の最前線となっている。

2 技術流出は半導体以外でも

「3年間、年俸3倍」で引き抜き

韓国から中国に流出する技術は半導体に限らない。ディスプレーや造船、石油化学、電池、鉄鋼など幅広い産業分野において、所属企業で出世競争に敗れた技術者らを中心に中国に渡る構図があるためだ。

「勤務地＝中国内陸部、応募要件＝ディスプレー関連企業出身者」――。韓国の求人サイトには、こんな文言が並ぶ。中には「S社L社優遇」といった文言もある。S社はサムスン、L社はLGを指す。「3年間、年俸3倍」といった厚遇で引き抜かれるケースも少なくない。激しい出世競争に脱落した技術者らを狙ってのスカウトも横行する。

中国最大手のパネルメーカー、京東方科技集団（BOE）内部の技術者によると、同社の工場や研究所には計120人ほどの韓国人が在籍する。サムスン出身の技術者も50人程度が加わっており、アップル向けの有機ELパネル開発を主導する。彼らの多くが2015～16年の業績不振時にサムスンを去った技術者たちだという。

液晶パネルで世界首位に立ったBOEは韓国人技術者を獲得し、有機ELパネルでも覇権を握ろうとしている。

BOEの成都工場には、韓国・牙山《アサン》市のサムスンディスプレー主力工場と同じ〝コピーライン〟が並ぶ。中国政府の補助金を使って買い集めた日本製の装置も多い。現在はiPhone向けの有機ELパネルの量産を始めており、本家サムスンのシェアを脅かす存在となっている。

中国で働く韓国人技術者らの一部は中国名を名乗り、韓国当局や出身企業の捕捉を振り切ろうとする。休暇などで帰国する際には、わざわざ香港や上海などを経由するという。中国内陸部からの直行便を避ける理由は「（韓国の）仁川《インチョン》空港の入国審査で当局に拘束されるのを警戒するため」（ＢＯＥ技術者）だ。就航便数の多い路線を使って一般のビジネスパーソンを装うという。

さらに20年には経営幹部の中国行きも明らかになった。一時はサムスンとソニーとの液晶合弁会社の社長も務めた張元基《チャン・ウォンギ》氏が、ＢＯＥトップの王東升《ワン・ドンシエン》氏に請われる形で中国のディスプレー向け半導体メーカーの副会長に迎えられた。

張氏の転職は韓国国内で報じられ、結果的に張氏は中国行きを断念することになった。韓国メディアによると、張氏は「サムスンとは競合しないという条件で（中国行きを）受け入れた。ただ母国で（技術を流出させているという）誤解が広がり負担だった」と打ち明けたという。

摘発された技術流出は「氷山の一角である可能性が高い」（産業通商資源省）。韓国が基幹産業と位置づけてきたディスプレーや造船、石油化学、電池、鉄鋼など幅広い産業で中国企業が世界首位に立つ。国家主導で規模拡大にまい進する中国製造業と同じ土俵で戦っていては勝ち筋は見えない。

産業通商資源省によると、23年までの５年間で半導体や電池、有機ＥＬパネル、自動車分野など産業技術の海外流出の摘発案件は96件にのぼった。うち半導体は38件と

図5-1　韓国の半導体技術が狙われている（国外技術流出の摘発件数）

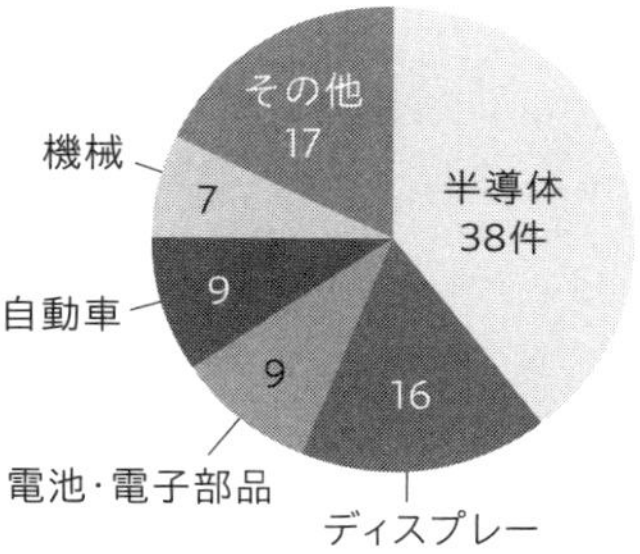

注）2019~23年の5年間で96件が摘発
出所）韓国産業通商資源省

図5-2　技術流出案件は増加傾向（産業技術保護法違反者の認知数）

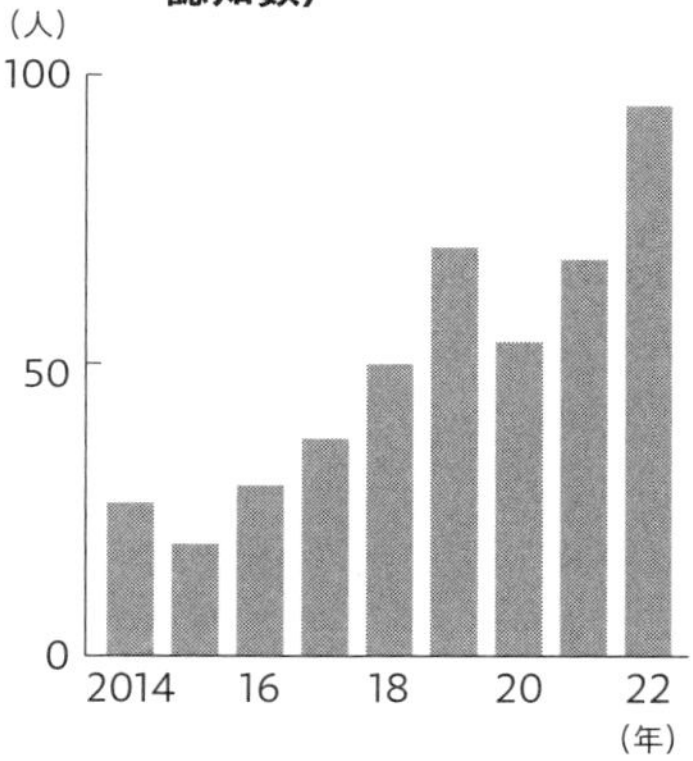

注）不起訴も含む
出所）韓国検察庁

最も多く、ディスプレー（16件）、自動車（9件）が続く。流出先の大半は中国。これらは摘発され阻止できたものだけを集計しており、水面下で実際に進んだ技術流出は含まれていない。

流出先は中国だけではない

さらに近年は車載電池でも水面下の技術防衛が激しさを増している。

韓国にはLGエネルギーソリューションやサムスンSDI、SKオンという車載電池の世界大手3社がある。韓国政府は「電池は半導体に次ぐ国家産業の柱」と位置づけて、設備投資への税制優遇など産業育成を進めてきた。

車載電池企業は韓国と中国、日本に集中し、ＥＶ普及とともに激しいシェア争いを繰り広げている。

この電池を巡って技術を取得しようと画策するのが、同盟国の米国企業だ。

ＬＧエネとサムスンＳＤＩ、ＳＫオンの電池３社は、ＧＭとフォード・モーター、クライスラーを傘下に収める欧州ステランティスと車載電池の合弁会社を持つ。ＬＧエネはＧＭとステランティス、フォードの３社と合弁を組み、サムスンＳＤＩもＧＭとステランティス、ＳＫオンはフォードと合弁事業を持つ。こうした米ビッグスリーとの合弁事業を介しての技術情報の漏洩を韓国大手が警戒するという構図だ。

ＬＧエネはＧＭと19年12月に合弁事業開始を表明し、工場建設を進めてきた。フォードとステランティスは21年に提携を決めた経緯がある。いずれも急激なＥＶシフトに備えるために電池の安定調達先の確保を急いだ結果だ。北米の計９カ所で米韓合弁による車載電池工場の建設が進む。

韓国政府と業界関係者によると、ＧＭは提携先のＬＧエネに対して技術情報の一部の共有を求め、フォードはＳＫオンに対して合弁協議の際に技術情報の共有を提案した。ＧＭは自前の電池工場も運営しており、ＬＧエネの技術情報を吸収されてしまうリスクがある。一方のフォードもＳＫオン以外から電池を調達しており、自社技術が競合メーカーに流れる恐れがあるためLGエネとSKオンはともに警戒感を抱く。

韓国政府は電池産業の技術を国家核心技術に指定しており、技術流出に目を光らせる。海外の合弁工場も技術保護対象として「国家先端戦略産業特別法」と呼ぶ新法を盾に、韓国政府が米企業側に懸念を表明する事態となった。

LGエネの権暎壽《クォン・ヨンス》元CEOは自動車大手による電池の自前生産について、「技術特許料の支払いも大きく、研究開発も莫大で自動車メーカーの自前生産は容易ではない」と指摘する。その上で「我々は安定調達のために合弁工場を提案し、自動車大手は内製から合弁へと傾いている」と自信を示す。

LGエネとサムスンSDI、SKオンの電池3社は特定の車大手と手を組むものの、基本戦略としては世界各国の自動車メーカーに全方位で電池を供給する。そのため特別な技術には特許を取得し、一部の機密情報をブラックボックス化しながら自社技術を守っている。ただ、技術情報を巡る懸念は完全に払拭されたわけではない。

歴史を振り返れば、合弁事業を介した技術流出は最も警戒すべき流出経路だ。かつてサムスンも液晶ではソニーと合弁を組み、半導体製造装置では大日本スクリーン製造（現SCREENホールディングス）との合弁を介して技術を吸収してきた経緯がある。

疑心暗鬼を背景とした米韓企業間の技術情報の共有を巡るつばぜり合いが尾を引け

ば、「米韓電池同盟」が停滞する結果を招きかねない。そうなれば、ＥＶや車載電池の分野で高いシェアを持つ中国メーカーが得する構図だ。ＥＶシフトに不可欠な車載電池分野で強固とみられた米韓同盟にも課題が露呈している。

韓国も技術を奪われる側に

韓国政府も技術流出を阻止するために法整備を急ぐ。

22年には産業通商資源省と法務省、特許庁、検察庁、国家情報院など政府の関係省庁が技術流出防止のための５カ年計画をまとめた。産業技術保護法を改正し、新制度の運用を始めた。先ほど触れた電池以外にも、半導体や有機ＥＬディスプレー、造船、鉄鋼など、韓国が競争力を持つ12の産業分野を国家核心技術として、この分野の高度技術者のリストをつくる。企業や研究機関などに該当者の登録を義務づけ、23年にデータベースの構築を完了した。政府機関が出入国情報を収集・管理し、「海外企業への転職の抑制につなげる」（産業通商資源省）としている。

データベースの登録対象者は国籍を問わない。韓国企業だけでなく、外国企業の韓国法人に所属する技術者も対象となり、外国人も含まれる。日系企業の韓国法人で働く日本人技術者も登録義務が発生する。産業通商資源省は「詳細な適用範囲はまだ決定していない」と説明しており、恣意的な運用を懸念する外国企業の反発を招く結果となった。

大企業に所属していた技術者個人が外国企業に転職して流出させる場合もあれば、部品メーカーがサムスン電子などと共同開発した先端技術を中国企業などに売り込むケースもある。複雑な実態を解明するため、技術分野に精通した捜査員も不可欠で、特許庁は「技術警察部門」の捜査体制を拡充する方針を示す。

さらに、産業技術保護法の厳罰化も進める。海外企業に技術を流出した場合、3年以上の懲役刑が科されることになる。これまでは罰金刑で済むことが多かった。

その一方で、技術者のつなぎ留めのための補助金制度も創設する。企業が高度な技術者に支払う特別手当のうち、3割を政府が負担する仕組みだ。こうした「アメ」と「ムチ」を用意することで、注力分野の技術者の囲い込みを急ぐ。

韓国政府の制度強化の底流には「液晶パネル敗戦」の教訓がある。

10年頃、韓国で液晶パネルは半導体に次ぐ輸出額を誇り、サムスンとLGDが世界2強に君臨していた。ただ10年代半ばから、中国の中央政府や地方政府の補助金を受け、BOEや華星光電(CSOT)などが液晶パネルを増産した。

中国勢が製造装置を大量導入して一定の歩留まりを実現したことで市況は悪化。韓国勢は競争力を失い、サムスンは液晶事業から撤退、ＬＧＤは韓国での生産停止の方針を示した。

中国の国産化の野望によって、韓国もまた技術を奪う側から奪われる側となった。技術者のデータベース構築をはじめ、あの手この手で技術流出を食い止めようとしても、高額報酬や仕事のやりがいを求める技術者個人の行動すべてを阻止するのは容易ではない。

M&Aも監視対象へ、高まり続ける難度

韓国政府はＭ＆Ａを介した技術流出も警戒する。高度な技術を保有する韓国企業の株式を外国企業が取得する際、これまで50％超を取得する場合に審査義務が発生していたが、22年の法整備によって30％以上の取得も審査対象と改めた。

この法改正の端緒の1つとなったのが、21年の韓国の中堅半導体メーカー、マグナチップ半導体の買収騒動だった。

マグナチップは04年にハイニックス半導体からシステム半導体部門が独立して設立

された。主にディスプレー駆動用半導体や汎用品の電源管理半導体を手掛ける米ニューヨーク証券取引所（ＮＹＳＥ）上場の中堅半導体メーカーだ。生産設備は持たず、半導体設計に特化したファブレスメーカーで、20年12月期の売上高は5億７１０万ドル、営業利益は２７００万ドルだった。マグナチップはＮＹＳＥ上場ながら開発拠点など事業の大半は韓国国内にあり、従業員８８０人の大半は韓国人だった。

買収主体は中国系投資ファンドのワイズロードキャピタル。同社は16年にオランダの半導体大手ＮＸＰセミコンダクターズから汎用半導体部門を買収し、中国向けの輸出を大幅に増やした経緯がある。

ワイズ社はＴＯＢ（株式公開買い付け）を行い、直近株価に54％のプレミアムを乗せた1株29ドルでマグナチップの全株を取得する方針を示し、発表当時の取得金額は14億ドル（当時の為替レートで約１５００億円）規模となる見通しだった。

中国ファンドによる買収について、韓国内では技術流出を懸念する声も出ていた。マグナチップは「売却後も雇用や拠点に変化はない」とした上で「ワイズ社は経営や研究開発には介入せず、我々の成長を見守ってくれる」とした。

そこに米国政府がＮＹＳＥ上場を理由に同Ｍ＆Ａに介入した。「米国上場の半導体企業の買収には米当局の審査が必要」との理屈だ。米政府機関の対米外国投資委員会

（ＣＦＩＵＳ）が買収保留の暫定命令を下し、国家安全保障上の懸念を理由に買収を阻止した形となった。

韓国主体の汎用半導体メーカーの買収をも阻止した米国の異例の措置に半導体業界は、「あらゆる半導体メーカーにとって中国資本による買収は不可能になった」と声をそろえる。裏を返せば、米国や日本、韓国によるＭ＆Ａについて今後、中国政府は競争法上の懸念を盾として認めない可能性もある。テクノロジー分野における国境を越えるＭ＆Ａの難度は、今後も高まり続けることになる。

3　週末バイト、2泊3日で報酬50万円

自宅電話に突然の着信

先端技術を奪う中国と守る韓国。この構図は、かつての韓国と日本の姿に重なる。サムスンも１９９０年代に日本の大手電機メーカーから技術者を呼び込んで半導体やディスプレーの先進技術を蓄積した。日本の電機各社が半導体やディスプレー事業

を縮小する過程で、日本人技術者の多くが「自分の技術を必要としてくれる環境」を求めて海を渡った事情もある。

実際に月1回ほどのペースでサムスンの研究所に通った経験を持つ日系企業の半導体技術者は「突然、自宅に電話がかかってきた」と打ち明ける。電話の相手は、横浜市のサムスン日本研究所の担当者。この技術者は半導体の生産技術部門に在籍しており、当時のサムスンの生産工程の一部で歩留まり向上の助言を求められたという。

金曜夜に出国して日曜夜に帰国する日程で、何度も韓国に通った。ソウル市郊外の金浦《キンポ》空港には日本語が流ちょうな女性が出迎えに現れ、ホテルまで送迎してくれた。土曜はサムスン半導体の当時の中枢拠点だった器興《キフン》キャンパスで丸一日かけて生産ラインを見て改善点を指南する。その夜は韓国式の接待を受けて、翌日曜の午前まで同様の技術指導のスケジュールが組まれていた。1回の渡韓の報酬50万円は現金で手渡された。知人の中には一度の渡韓で100万円を超える〝特級人材〟もいたという。

週末バイトの担い手はNECやソニー、東芝など電機大手の技術者が多かった。突然、自宅に電話がかかってくるケースもあれば、「週末バイト」の経験者がサムスン側から「次は、この分野の技術者を紹介してください」との要請を受けて、日本企業の社内で「バイト紹介」として声がかかるケースもあったという。

日本企業側もこうした技術漏洩事案を把握しており、韓国での週末バイトを阻止しようと、技術者のパスポートを預かる企業もあった。しかし、２０００年代には短期バイトはほぼなくなり、サムスンへの転職が増えた。出身企業は東芝やソニー、ＮＥＣ、日立製作所など。10年代には日本人転職者は30～40代が中心となり、上流工程の装置や材料メーカーからの転職も増えた。多くは雇用期限のない正規職だ。「日本企業では到底できない研究が続けられる」（10年代後半に転職した日本人技術者）というサムスンに、研究者は吸い寄せられていった。

「売国奴」と呼ばれても転職する理由

サムスンに転職した東芝の元技術者は「自分が20年追求した技術をサムスンは必要としてくれた」と転職理由を打ち明ける。日系企業が半導体やディスプレー事業を縮小・撤退し、技術者の活躍の場を提供しきれなくなったことも大きな要因だった。

半導体やディスプレー分野の技術者たちは事業縮小を続ける自社に見切りをつけて海を渡り、日本企業の技術流出は着実に進んだ。電子立国日本の敗因を探ると日本企業特有の「人事」に突き当たる。

私は東芝や日立製作所、NEC、富士通、ソニーなど電機大手から韓国や台湾、中国に転じた半導体やディスプレーの日本人技術者10人以上に会って転職理由を取材したことがある。「売国奴」との批判を恐れて口をつぐむ彼らに通底するのは、「自分の技術を生かせる居場所が欲しかった」との思いだ。

技術者は口々に「1990年代後半から上司が一緒に夢を見てくれなくなった。リスクを嫌い、挑戦する人間を疎むようになった」「派閥で出世が決まる日本企業と違ってフェアな評価をしてくれる」などと転職理由を語った。

日本IBMの元液晶パネル技術者で、技術コンサルタントの北原洋明氏は「自分が思い描いたことを実現できることが技術者の何よりの喜び」と話す。北原氏は現在、韓台中で日本人技術者と交流を続けており、「技術者の大半はやりたいことができる環境を求めて海を渡った」と指摘する。

報酬は重要な要素だ。新卒一括採用の日本企業では給与は年齢に応じて画一的になりがち。特に電機は春季労使交渉（春闘）で電機連合として賃金の交渉をするなど横並び意識が根強い。成果に応じた報酬も少なく、有望な技術特許を取得しても「慣例的に数万円しかもらえない」（東芝元技術者）という。国際学会で知り合う米国や韓国の有能な技術者が突出した給料をもらうのを横目に苦い思いを抱いたとの声もあった。

研究畑でも40代前半には管理職となるキャリアパスが用意され、第一線で開発を続けたくても続けられないのが現実だ。55歳で役職定年となる企業も多い。さらに大学院卒で理系人材の多い研究職では結婚が遅い傾向があり、50代で小中学生の子どもを抱える家庭も少なくない。定年までに子どもの教育費用を蓄えるためにより高給を求める事情もある。

新天地を求めて海を渡った日本人技術者を採用し、サムスンら競合企業は技術を吸収してきた。日本企業側に慣例にとらわれない柔軟な人事制度を認める懐の深さがあれば、優秀な技術者の流出を一定程度は防げたかもしれない。

さらに技術者の散逸を助長したのが、経営トップの半導体やディスプレー事業への無理解だった。家電やパソコンから発電所設備や情報システムまで幅広い事業を手掛ける「総合電機」の中で半導体やディスプレーの歴史は浅い。投資も巨額で業績の振れ幅も大きい「新興部門」から経営トップを輩出した例はほとんどない。

30年の計画を着実にこなす発電所などのインフラ事業、2～3年先を見据える家電やパソコンなど消費者向け製品事業と比べて、3カ月先も読めない半導体やパネル事業には他事業とは異なる経営手腕が求められる。技術者らは異口同音に「経営者が半導体などエレクトロニクス産業を全くわかっていない」と憤る。研究開発や生産設備への機敏な投資決断ができずに競争力を失っていったとの現場の批判は電機各社に共通する。

東芝でメモリー技師長を務めた後、韓国サムスン電子顧問に転じた中部大学の宮本順一教授は「サムスンは経営トップが決断し現場が一斉に動く。人材登用や投資、部署間の調整など暗黙のバランスを重視する日本企業にはマネできない」と指摘する。

電機大手から日系の製造装置や材料メーカーへの転職も多い。結果的に電機の研究成果が装置・部材に宿り、韓国や台湾、中国に輸出されるという間接的な技術流出も進んだ。

さらに海外企業が獲得する日本人技術者は40〜50代ばかりではない。「青田買い」も始まった。中国の華為技術は日本において初任給40万円で新卒技術者を採用する。東芝やシャープなど電機大手の経営危機を目の当たりにし、理科系の学生の間でも実力次第で高額給与が得られる外資の人気は高まっている。

日本の産業政策とは対照的に、韓国や台湾、中国の技術者優遇措置は手厚く、かつ直接的だ。重点産業分野と位置づける半導体やディスプレーの工場建設には補助金や税制優遇が受けられる。電気代や土地代などのインフラコストも安い。中国では国家ファンドが設備投資の大部分を肩代わりし、技術者育成にすら補助金を出す。

2020年代に入って日本政府は半導体産業の再興に向けて巨額の補助金を投じている。半導体の受託生産世界最大手TSMCを熊本県に呼び込んだほか、2027年に最先端半導体の量産を目指すラピダスも動き出した。ただ設備投資を税金で補助するだけで産業復興ができるわけではない。世界の国々が半導体誘致に動く中で、日本政府による半導体産業の復権シナリオは視界良好とは言いがたい。

技術者を十分に評価できない人事制度、枝葉末節に固執する産業政策――。無自覚に前例を踏襲しているだけでは自動車や機械、素材など、日本が競争力を保つ産業で過去の過ちを繰り返す恐れがある。過去の電子立国の「敗退」を直視することから産業復興を始める必要がある。

4 ケタ違いの30兆円投資表明

勃興サムスン半導体都市　街まるごと造成

背後に迫る中国勢をサムスンは巨額投資で引き離そうとする。

牛が草をはむ、のどかな風景は10年足らずで様変わりした。韓国の首都ソウルから南に50キロメートルの平沢《ピョンテク》市に、サムスン電子が世界最大の半導体基地を築いている。国家による半導体産業育成の機運が高まる中、韓国ではサムスンが政府のインフラ支援を受けながら半導体を軸とした都市を生み出している。

「つい10年前は牛の糞《ふん》の匂いが漂う牧場だった。あんな大きな建物ができるなんてね……」。タクシー運転手の指さす先には、オランダの現代アーティストのピート・モンドリアンの巨大なアートデザインが壁面に描かれた高さ83メートル、横幅500メートルの巨大な製造棟がそびえる。サムスンの半導体工場を建設するために東京都千代田区の面積を上回る1342万平方メートルの広大な区画が整備された。2006年に始まった都市計画「高徳《コドク》国際新都市」の建設に伴って「周辺に次々とマンションができ、お客さんもどんどん増えた」とタクシー運転手が解説する。

平沢市はもともと「米軍の街」との印象が強い。朝鮮戦争中の1951年に米軍が基地を設け、2000年代には在韓米軍基地の同市への集約も始まった。基地受け入れの見返りとして、平沢市は国による都市開発プロジェクトを取りつけた経緯がある。

総事業費8兆1603億ウォン（約8000億円、半導体工場を除く）の都市開発計画では、域内に5万9000世帯、14万4000人の入居を見込む。超少子化の韓国にありながら小学校だけで13校を新設する予定だ。23年時点で6割程度が完成しており、分譲マンションの販売価格は「3年前と比べて2倍以上に跳ね上がった」(地元不動産業者)。

この都市計画の要が、サムスンの半導体工場誘致だった。工場敷地は皇居2個分にあたる290万平方メートル。日本最大の半導体工場の元東芝メモリ、現キオクシアの四日市工場(三重県四日市市)のおよそ4倍にあたる。

当初は、新都市の北端をサムスンに充てる計画だった。しかし建設予定地から2キロメートルほどの距離に韓国空軍の基地があり工場用地を変更した。航空機の離着陸に伴うわずかな振動が伝われば最先端半導体の歩留まりに影響するため、サムスンが5キロメートル以上離れた南端の土地を希望した。

19年に米国のトランプ大統領が訪韓した際には、米軍基地に大統領専用機で降り立ってヘリでソウル市中心部に向かう途中、巨大な構造物が並ぶサムスン平沢キャンパス上空を通り過ぎた。トランプ氏はヘリから眺めた半導体工場の巨大さに驚き、韓国政府関係者に平沢キャンパスの工場詳細を問いただしたという。

サムスンはこの地に工場棟を計6棟建設する計画だ。既に3棟が稼働中で、サッカーコート25面分のクリーンルームを持つ第4棟の建設を24年8月時点で終え、なお

世界最大の半導体工場、サムスン平沢キャンパスは計6棟の工場棟が建つ（2023年1月）

２棟分の拡張余地を残す。

隣には韓国電力の変電所が置かれ、道路のほか専用水路も整備された。サプライヤーも集積する。オランダＡＳＭＬや米アプライドマテリアルズ（ＡＭＡＴ）といった製造装置の世界大手が近くに「前線基地」を構える。さらに素材企業、工場建設を担う協力会社など数百社が平沢キャンパスに出入りする。

平沢市の試算では、製造棟１棟あたりの雇用創出効果は２万人だ。毎月１０００人以上の転入があり、市の人口は10年前と比べて３割増の54万人となった。都市開発の前後で人口は倍増する見込みで、市の担当者は「サムスン誘致で税収の押し上げ効果もケタ違い」とソロバンをはじく。

輸出主導型の韓国経済で、最も金額が大きい輸出品目が20％を占める半導体だ。経済のけん引役でもある半導体への韓国政府の支援は手厚い。半導体工場に必要な電力と用水の確保を国費で支援する。研究開発や設備投資に税控除を適用し、低金利融資制度も新設する。さらに国立大学に専攻学科を増やして半導体産業の人材を今後10年間で3万6000人育成する計画も明らかにした。

平沢はサムスンにとって、器興、華城に次ぐ国内3番目の半導体拠点だ。近年は年間5兆円規模の設備投資の大部分を平沢キャンパスに充て、世界首位の半導体メモリーの生産能力を引き上げる。本来、半導体は小さく軽いため輸送コストは低く、1カ所に集中投資して量産することが合理的とされる。ソウル近郊は地震がほぼなく、河川も多いため用水確保で地の利も生きる。30キロメートル圏内に器興、華城の既存工場があり、技術者の往来もしやすく、平沢への集中投資を決めた。

半導体部門の頭脳が集まる生産技術研究所を置く華城と、最先端品を量産する平沢。韓国2拠点を司令塔とし米中双方で投資を続けることで、サムスンは政治圧力をかわしながら成長産業の果実を得ようとしている。

平沢の次、投資30兆円計画も浮上

平沢キャンパスの計6棟のうち、第4棟の建設が佳境を迎えた23年3月、サムスンは次なる大風呂敷を広げた。平沢市の東隣、京畿道《キョンギド》龍仁市に新たな半導体基地を建設すると表明したのだ。

710万平方メートルの用地を確保し、先端半導体の受託生産工場を計5棟建てる計画だ。1棟目の生産開始は2029年頃になる見通しで、2042年までの総投資額で300兆ウォン（約30兆円）を見込む。

新拠点では受託生産を中心に一部メモリーも生産する。微細な電子回路を形成する半導体は年々量産の難度が高まり、設備投資の金額も膨らむ傾向にある。生産工程を外部企業に委託するケースが増えており、設計専業の半導体メーカーからの受託生産事業を次なる成長の柱に位置づけている。

サムスンにとって龍仁市の新拠点は、器興、華城、平沢に次ぐ国内4カ所目の半導体製造拠点となる。平沢キャンパスにはまだ2棟分の増設余地があるものの、用地確保と電力・水のインフラ整備に時間がかかるため、新拠点建設を早期に表明した。

ソウル市を囲むように位置する京畿道の道庁に半導体製造装置の大手幹部の訪問が

相次いでいる。道内での投資計画やインフラ整備、税制優遇などについて議論するためだ。韓国政府は23年に「国家先端産業育成戦略」を表明し、サムスンの半導体生産基地の建設を契機として半導体工場周辺にサプライヤーを集積させるために税制優遇などの誘致策を準備する。

もともと京畿道はサムスン電子とSKハイニックスという半導体世界大手2社が主力拠点を構え、活発な設備投資が続く地域だ。半径約30キロメートル圏内に韓国の主要半導体工場が位置する上に、サムスンによって新たな生産基地計画が示された。サムスンの長期投資表明が呼び水となって装置や素材の世界大手の韓国進出が加速する。

AMATは龍仁市を第1候補に研究開発センターの新設計画を推進する。数年内の稼働を目指すという。半導体の回路形成工程の幅広い装置で高いシェアを握る同社は、サムスンとの共同開発も手掛けている。

同じく世界大手で、露光装置で圧倒的なシェアを握るASMLは、華城市に組み立て・研修センターを建設する。投資額は2400億ウォン(約240億円)で、24年中の稼働を見込む。1台200億円を超える高性能装置の部品交換の機能を備えるほか、複雑な操作ノウハウを伝授するトレーニングセンターの役割を担う。サムスンやSKへの顧客サービスとして、両社の技術者らに研修を施す。

日本勢では東京エレクトロンが、サムスンの半導体部門の研究開発拠点のすぐそばで、クリーンルームを増設して設備を拡張する。「顧客に寄り添い信頼関係を高めながら装置や技術を提供する」（東京エレクトロン）という。ほかにもアルバックが24年に同社として韓国初の技術開発拠点を開設。日立製作所系の日立ハイテクやＫＯＫＵＳＡＩ ＥＬＥＣＴＲＩＣもクリーンルームを増強するなどして技術支援の体制を整える。

製造装置大手の狙いは、難度が高い先端半導体の製造工程での手厚いサポートを売りにして、装置受注拡大につなげることだ。物理的に距離を縮めることで試行錯誤のリードタイムを極力減らし、開発効率を高める効果も期待できる。特にサムスンは装置や材料メーカーとの共闘を掲げ、企業の枠を超えた先端開発プロジェクトを立ち上げている。装置大手が技術者を近くに常駐させる利点は大きい。

サムスンが日本の横浜市に開発拠点を新設するのも同じ文脈だ。中堅・中小企業も含めて材料や装置のサプライヤー企業の研究開発部門との協業を深める狙いがある。

もっとも同様の取り組みは、半導体受託生産で世界最大手のＴＳＭＣが先行する。本拠地の台湾・新竹地区に世界のサプライヤー企業が進出しており、先端開発の擦り合わせが進む。最先端半導体でTSMCを追う立場のサムスンも製造技術の高度化に向けて、共闘戦略を打ち出した格好だ。

ただ、長期的に投資を継続するこうした姿勢を示してサプライヤーを呼び込むだけでは、熾烈《しれつ》な開発競争を勝ち抜けるとは限らない。なぜなら半導体市況の低迷期に強気で投資を続けて、後続企業を引き離してきたサムスンの成功方程式の効力が弱まっている可能性があるためだ。

サムスンは23年に過去最高額の54兆ウォン（約5兆4000億円）を設備投資に充てた。競合のSKハイニックスが22年比で半額以下に投資を絞る中で、韓米中の半導体工場への投資を緩めなかった。しかし24年上半期の業績を見る限りはAIブームに乗ってHBMの需要急増をつかんだSKの方が好調だ。SKは投資を絞ったものの、先端半導体用の研究開発投資は緩めておらず、HBMで一気にサムスンとのDRAM全体のシェア格差を縮めた格好だ。

21年末から半導体部門CEOだった慶桂顕氏に代わって、24年5月から全永鉉《ジョン・ヨンヒョン》氏が売上高10兆円規模の半導体部門を率いる。

後任の全氏は慶氏の2歳年長にあたる。サムスンは「半導体部門の危機を克服し、未来への競争力を確保するという会社の強い意志を示した」と説明した。しかし、同部門の中堅技術者からは「ようやく慶桂顕体制が固まり、反転攻勢の方針が決まりつつあったものの、再びゼロから方針を決めるのか」といった疑問の声も漏れる。こうした人事のゴタゴタには、サムスン半導体部門の経営戦略の混乱が透ける。

有進投資証券の李承禹《イ・スンウ》リサーチセンター長は「サムスンは先代会長時代にチキンゲームを大胆な投資で制してメモリー王者に上り詰めた。しかしAI時代にハードとソフトが融合され、半導体産業を取り巻く環境も変わった。サムスンは先代会長時代の成功体験に縛られて変われないまま。そこが大きな問題だ」と指摘する。AIなどの未来の技術トレンドを読み、ソフトウエアも含めた経営戦略が今こそ求められているというのだ。大胆な投資決断によって世界首位に立ったサムスン半導体部門もまた変革を求められている。

ディスプレーでは中韓が激しく競争する関係になった＝サムスン電子提供

第6章

「上得意先」中国の変化

1　韓国の輸出先、20年ぶり米中逆転

「安米経米」への転換

２０２３年の韓国貿易統計で特筆すべき点は米国との貿易額の拡大だった。対米輸出額は１１５７億ドル（約16兆円）と22年比で５・４％増となった。自動車や自動車部品、ＥＶ向けの車載電池を中心に伸びた。その一方で対中国の輸出額は同19・９％減の１２４８億ドルだった。韓国企業の得意な半導体メモリーの不況の影響もあったものの、中国国内の生産活動の低迷によって化学や鉄鋼といった中間財の輸出が低調だった。結果的に23年12月は単月で20年ぶりに対米輸出が対中輸出を上回った。

この底流には、経済覇権を競う米中の対立がある。米国政府は半導体やＥＶのサプライチェーンの再編を打ち出し、同盟国に自国陣営に加わることを求めた。歴史的に安全保障は米国、経済は中国という「安米経中」のいいところ取りの姿勢をとってき

た韓国は大きく揺らいだ。両国から二者択一の踏み絵を迫られる格好で、22年5月発足の尹錫悦政権は米国シフトを強めた。その結果が貿易額の変化にも表れている。

北朝鮮との融和を重視した文在寅政権は、南北関係改善を目指して米国とも一定の距離を保った。北朝鮮とのパイプを持つ中国との関係に配慮し、米中をてんびんにかける「バランス外交」を志向した。保守政権だった朴槿恵政権も李明博《イ・ミョンバク》政権も、中国には一定の配慮を示して「安米経中」を維持してきた。

過去の韓国政権と比べて尹政権で外交姿勢が様変わりした。特に日本との関係を重視し、米国とも距離を縮めて「韓米日」重視の前提で外交を展開。韓国の若者の中国嫌いも背景として、韓国は22年の政権交代を機に、安全保障も経済も米国という「安米経米」へと転換していった。

韓国経済の担い手である大手財閥も尹政権の方針に歩調を合わせる。22年5月にジョー・バイデン米大統領が来韓した際にも財閥トップが集結して大統領を出迎えた。サムスンや現代自動車、LG、SKがこぞって米国での巨額投資を表明した。さらに23年4月の尹錫悦大統領の訪米時にも財閥トップは同行し、追加投資を次々と発表した。

サムスンはテキサス州に先端半導体工場を建設し、現代自動車はジョージア州に

ＥＶ専用工場、ＬＧはＧＭなど完成車メーカーとの合弁で複数の車載電池工場を整備する。各社とも米国で１兆円を上回る設備投資を表明しており、米国企業との取引関係を強めている。韓米のサプライチェーンが強固になることで、対米輸出は今後も増加傾向が続くことになる。

一方の中国。輸出主導型の韓国経済は１９９７年のアジア通貨危機以降、中国の急速な経済成長の恩恵を受けながら産業を発展させてきた経緯がある。半導体やディスプレー、自動車、造船、化学、鉄鋼など韓国の主力産業は中国向け輸出の増加に伴って規模を拡大してきた。

財閥大手は２０００年代から中国市場の成長に期待を寄せて販売・生産の両面で一斉に投資を拡大した。しかし、10年代後半には中国国内での韓国製品の販売に苦しむようになった。足元で撤退の動きが広がっており、今後も徐々に低下していくとの見方が優勢だ。

韓国政府系の産業研究院は、足元の対中国の輸出減少には「景気回復の遅延やＩＴ製品の需要減のほかに構造問題が２つある」と分析する。中国で鉄鋼や石油化学といった中間財が急速に増産されて自給率が高まった点と、東南アジアからの輸入増加

図6-1　米国向け輸出が中国に迫る
（韓国の各国・地域別輸出額）

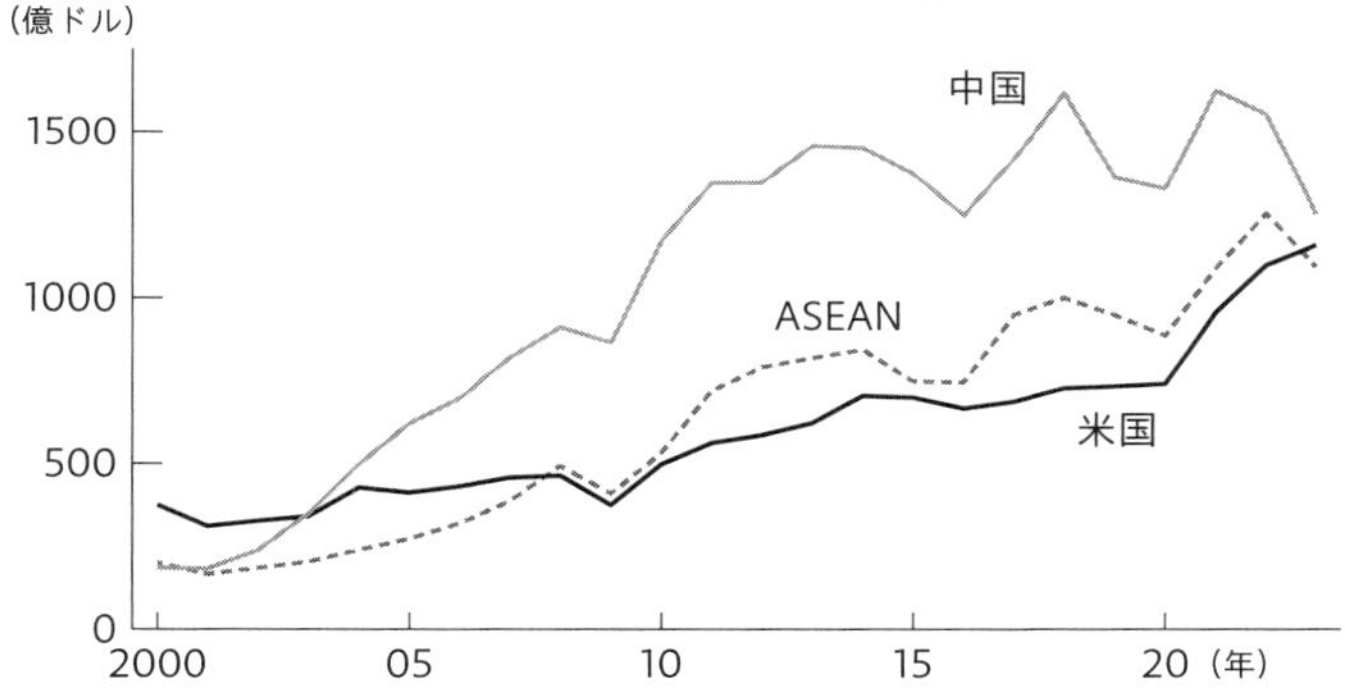

出所）韓国貿易協会

で韓国からの輸入額の減少が続く点を挙げ、「今後も中国向け輸出は減少する」と指摘する。

実際に10年代から中国製造業の技術力向上に伴って鉄鋼や造船、ディスプレーでは既に中国企業が世界首位に立つ。今後も幅広い産業分野で中国の内製化は進み競合として台頭する。韓国産業の輸出先としての存在感は相対的に低下する可能性が高い。

こうした潮流を踏まえて、米中対立のはざまで踏み絵を迫られる格好の韓国は最優先国として米国を選んだ。現在の保守政権が続く限りは米国重視が続くとみられ、韓国経済の対米シフトも進み続けることになりそうだ。

現代自動車の中国3工場売却の衝撃

韓国企業の中国市場からの退潮が鮮明となったのが、現代自動車が23年6月に発表した中国工場の売却だ。

現代自動車は中国国有自動車大手の北京汽車集団との合弁会社「北京現代」の2工場を売却すると表明した。21年には最も古い第1工場の閉鎖を発表しており、ピーク時に5カ所にあった中国の自動車工場を2カ所に縮小する。同社は中国市場での販売不振によって過剰な生産体制の構造改革を迫られていた。

現代自動車は北京汽車との合弁で02年に北京市で工場を稼働させた。中国ブランドの自動車がまだ黎明《れいめい》期だった2000年代に現代自動車グループの成長エンジンを中国に定めてシェアを獲得し、16年には中国だけで世界販売の23%に相当する113万台まで販売台数を拡大させた。生産面では北京市の3工場のほか、河北省滄州市、重慶市で計5工場を運営し、生産能力を165万台まで増やした。

ただ中韓関係の悪化と、中国ブランドの躍進が重なって10年代後半には販売が失速。23年の販売台数は24万台にまで急落した。16年のピーク時と比べて実に78%減にまで低下した。低価格モデルから高級車まで手広く展開するなどマーケティング戦略が定

**図6-2　中国向けがピークの4分の1に
（現代自動車の地域別販売台数）**

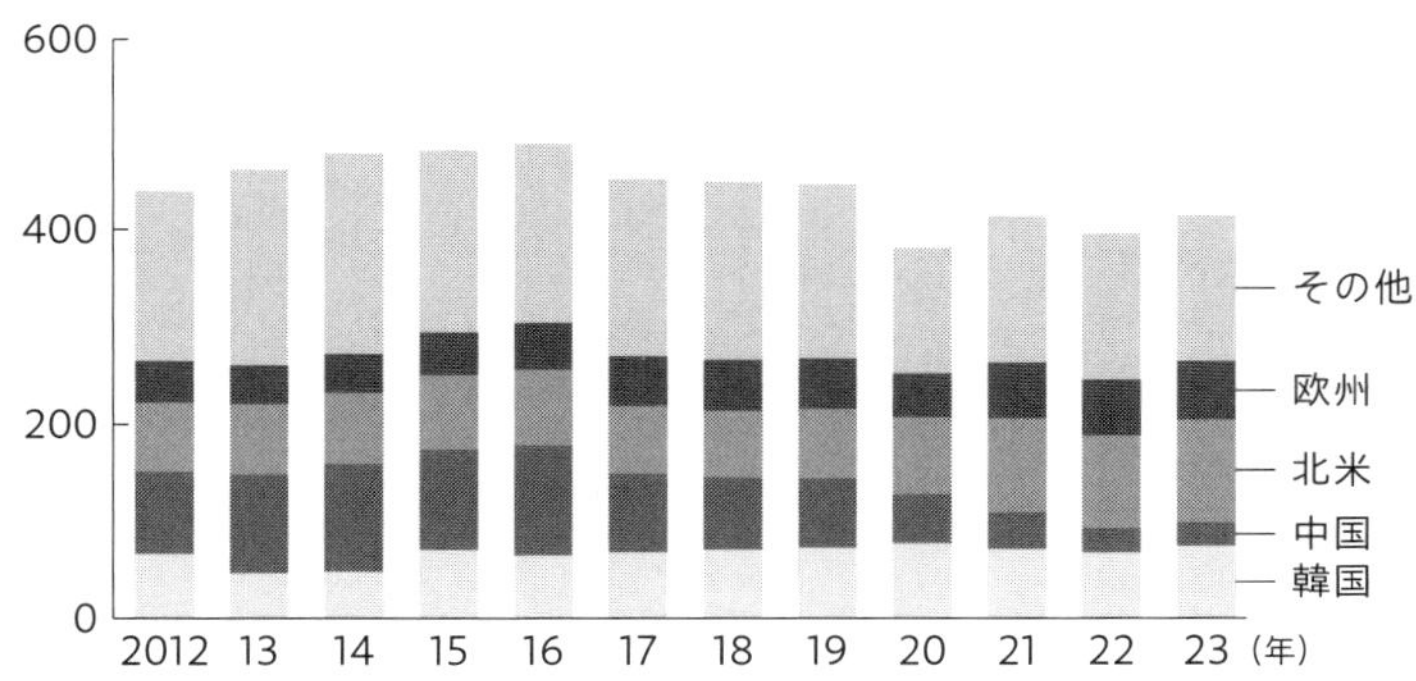

出所）現代自動車の決算資料

まっていなかったことも響いた。北京現代の幹部は中国メディアに「販売量を追って商品の競争力を高められず、ブランドづくりもできていなかった」と話した。

現代自動車の張在勲《チャン・ジェフン》CEOは「ここ数年間、中国事業は内外の様々な否定的要因によって厳しくなった。低下したブランドイメージ向上のために、高性能モデルに注力する」と話した。23年の上海国際自動車ショーでは高性能ブランド「N」を中国市場に投入すると発表し、高付加価値の車両の投入に重点を置く方針を明らかにした。

現代自動車は残る2工場の生産効率を高めるとともに、新興市場への輸出拠点としても活用する。中国市場では販売車種を現在の13種から8種に絞り込み、高級車モデル「ジェネシス」や多目的スポーツ車（ＳＵＶ）など高価格帯の車種を富裕層の多い上海市など大都市部中心に販売していく方針も示した。

そもそも現代自動車の中国事業が暗転したのは16年。韓国政府が在韓米軍の地上配備型ミサイル迎撃システム（ＴＨＡＡＤ）の配備を決めたことがきっかけだ。中国政府が強く反発して韓国製品の締め出し運動が全土に広がり、現代自動車も販売低迷に見舞われた。

自動車産業に詳しい漢陽《ハニャン》大学の朴正圭《パク・ジョンギュ》教授は「中国で競争力を既に失っていた10年代半ばに2カ所の巨大工場を稼働してしまった経営判断のミスも大きい」とし、量的拡大戦略を軌道修正できなかったことが大きな敗因と分析する。

中国市場に苦悶する韓国財閥

こうした韓国財閥の販売不振は自動車に限った話ではない。15年以降には中国のハイテク企業が目覚ましい発展を遂げた。スマホでは華為技術や小米、ＯＰＰＯが躍進し、サムスン電子のスマホが売れなくなった時期でもある。テレビでは海信集団《ハイセンス》やＴＣＬ集団などが台頭し、サムスンやＬＧ電子のシェアを奪っていった。

こうした中国企業の躍進と時を同じくしてＴＨＡＡＤ問題が発生し、一気に韓国製品排除の動きが広がった。

ＴＨＡＡＤ問題は特に消費関連企業に打撃を及ぼした。中でもＴＨＡＡＤ配置のために在韓米軍にゴルフ場を提供したロッテへの反発は大きかった。当時、中国内で１１０店舗を運営していたスーパー「ロッテマート」は、消防設備の不備などを理由に90店舗近くが営業停止通告を受けた。ロッテ系列の旅行会社に対しては韓国行きの団体旅行ツアーを中止するよう通達し、ソウル市内の観光地から中国人観光客が消え、韓国内の免税店は干上がった。ロッテは中国内の店舗の縮小を迫られただけでなく、韓国内でのホテルや免税店での売上高も失った。その後も「撤退戦」は続き、22年8月には四川省成都市に残っていた最後の百貨店の売却を決めた。08年にロッテショッピングとして進出してから14年で中国からの完全撤退に追い込まれた。

ロッテの後を追う形で中国進出に取り組んでいた流通大手の新世界グループも「イーマート」ブランドで展開してきた中国内のスーパー事業を撤退しており、韓国流通大手2社が中国から姿を消した。

さらに韓国発のゲームやＫ－ＰＯＰ、韓流ドラマや映画の締め出しにもつながった。

こうしたコンテンツ事業者は今も巨大市場の中国への進出を果たせず、中国だけが空白地帯となっている。韓国の消費財ブランドの多くはＫ－ＰＯＰアイドルや韓流ドラマの俳優を広告塔として海外でのブランディングにつなげている。こうしたマーケティングの「先兵」として韓国コンテンツを使った成功モデルが通用しないことで、消費財ブランドも劣勢を強いられている。

一時期は中国で躍進していた韓国の化粧品業界も不振が目立つ。そこには中国地場の「華流ブランド」が立ちはだかる。韓国勢が得意としてきた若者向け低価格分野で、中国ブランドが急速に台頭したのだ。

「同じ価格帯なら、韓国ブランドは選ばない」。上海市在住の30代女性は韓国ブランドをやめ、中国ブランド「花西子《フローラシス》」を使うようになったという。中国のＳＮＳでは、自国ブランドを薦める書き込みが目立つ。中国ブランドが価格・品質両面で優れていると考える中国人女性は増えている。

韓国化粧品大手のＬＧ生活健康は「中国の市況悪化に伴う消費鈍化」によって、22年に17年間続いていた増収増益記録が途絶えた。韓国メリッツ証券の推計によれば、韓国内の免税店も含めた中国向け販売はＬＧ生活健康の化粧品売上高の過半に達しており、中国での販売変調が直撃した格好だ。そのため同社は米国や日本市場の開拓に方針を転換した。これは中国市場の不振に打ちのめされた韓国企業の多くが向かう道でもある。今、韓国の消費財ブランドは中国市場に背を向け、欧米や日本、東南アジアへと向かっている。

2 中国は自前供給網構築へ

「中国製造2025」が一定の成果

韓国の対中輸出が減少する背景には、中国の景気低迷だけでは語れない構造的変化が潜む。中国ハイテク産業育成策「中国製造2025」に従う形で、韓国勢が得意とする幅広い産業分野で静かに国産化が進んでいるのだ。

2023年8月に韓国素材大手のLG化学が液晶パネル部材事業から撤退することを決めた。韓国中部の清州《チョンジュ》工場、梧倉《オチャン》工場でのディスプレー向けフィルム生産を中止し、両工場の売却手続きを始めた。同社のフィルムはディスプレー内部で光を調整することで映像をより鮮明に映し出すほか、内部の繊細な部品を保護する役割を果たす。

同事業の売上高は数百億円規模とみられ、中国の競合企業の台頭によって収益性が低下していた。

ＬＧ化学はグループ企業のＬＧＤやサムスン電子向けに液晶用フィルムを長く供給してきた。サムスンが液晶生産から完全撤退し、ＬＧＤも韓国内でのテレビ向け液晶の生産を中止したことを受けて、主要サプライヤーだったＬＧ化学は関連部材からの撤退を迫られた。

韓国企業が液晶パネルで日本勢からシェアを奪っていった２０００年代には、ＬＧ化学も液晶部材を成長事業と位置づけて積極投資を続けてきた。ただ、10年代後半に中国パネルメーカーの台頭によって供給量が減少に転じた。

ＬＧ化学は20年に液晶部材の「偏光板」事業からの撤退を表明し、中国部材メーカーの杉杉《シャンシャン》集団に11億ドルで売却した。中国の南京市と広州市にある偏光板工場も譲渡した経緯がある。この杉杉集団こそが今、中国内でディスプレー部材を幅広く供給する素材大手企業に育っている。

米調査会社ＤＳＣＣによると、ディスプレーの生産能力（面積基準）で中国は17年に韓国を追い越した。その後も中国各地にディスプレー工場が次々と立ち上がり、23年時点で韓国の8倍の規模に急拡大した。

韓国の液晶パネル産業を追い詰めた中国は、素材開発など上流の産業集積を国策で進めている。

23年9月、四川省成都市で開かれたディスプレー産業の国際会議。中国政府直属の最高研究機関である中国科学院メンバーの欧陽鐘燦氏は「ディスプレーの『大国』から『強国』へと、よりイノベーションの質を高めなければいけない」と力を込めた。「中国製造2025」では素材まで含めた供給網の確立を掲げている。

その代表企業が、LG化学の偏光板事業を買収した杉杉集団というわけだ。23年6月に江蘇省で偏光板の新工場を稼働し、四川省でも新工場の建設を進める。足元で3割程度の世界シェアを将来的に5割超まで高める目標を持つ。

液晶世界最大手のBOEも中国・重慶市で日本のHOYAと合弁でフォトマスク(回路原版)工場の建設を進めている。BOEは素材や装置の国産化も目指しており、液晶最大手が積極的に国産部材を調達することで中国上流産業の集積が一層進む可能性がある。

中国国産化、その本丸とは

中国はハイテク産業の本丸、半導体でも国産化を急ぐ。

米国が中国の半導体産業の勃興を抑え込もうと規制強化に動く中、中国政府は7兆円規模の半導体ファンドも立ち上げて、自国内のサプライチェーン構築を急いでいる。米国の規制下で中芯国際集成電路製造（ＳＭＩＣ）が生産したとされる華為技術の高性能スマホに搭載された「7ナノ半導体」は、世界に衝撃を与えた。半導体業界関係者によると、歩留まりは極端に低く採算は見込みにくいという。それでも巨額の国家資金を投入して先端技術を樹立しようとする中国の本気度を内外に示した格好だ。

先端半導体の製造を担ったとされるＳＭＩＣの動きは、中国の半導体企業の今を象徴している。同社は23年に半導体不況の影響で減収減益となったものの、研究開発費を積み増した。趙海軍・共同ＣＥＯは決算説明会で「技術開発を継続していく」と強調し、米国の規制下を「雌伏の時」として半導体技術を磨き続ける方針を明かした。

その言葉は、中国政府の決意の表れでもある。ＳＭＩＣのロジック半導体のほかに、メモリー大手の長江存儲科技（ＹＭＴＣ）といった有力企業が半導体量産に成功している。ＹＭＴＣのデータの長期保存に使われる「ＮＡＮＤ型フラッシュメモリー」は、既にアップルのｉＰｈｏｎｅに搭載されている。

中国は7兆円の国策半導体ファンドを組成して独自のサプライチェーンの構築を急いで米国の規制に対抗する。米国の輸出規制対象となる先端装置の自前開発のほか、シリコンウエハーや精密化学原料などの材料を製造するメーカーの育成にも力を入れる。中国の半導体製造装置メーカー17社の売上高合計は22年に前年比で3割以上、純利益の合計は同6割以上も伸びた。米国などが製造装置の対中輸出を規制したことで、国内メーカーの販売を後押ししたとみられる。

「産みの苦しみ」を強いられている半導体に比べて車載電池は様相が異なる。中国が国家としてＥＶ産業を育成してきたためだ。

装置産業の電池は一見すると半導体と似た構造を持つ。ただ、製造工程の付加価値の高さからメーカーの収益率が高い半導体と比べて、電池は電極材や電解液などの部材類の原価比率が高く構造的に高収益が期待しにくい。さらに既に中国企業がトップシェアを持つ点も半導体と大きく異なる。国家主導で設備投資を促し、電池原料など資源確保でも中国企業が優位に立つとの見方が多い。

電池市場では中国の寧徳時代新能源科技（ＣＡＴＬ）が世界首位を独走。ＥＶも手掛ける比亜迪（ＢＹＤ）が2位で、韓国のＬＧエネルギーソリューションは3位に甘んじている。このまま中国2社の大増産が続けば、鉄鋼や太陽光パネルなどコモディティー化が進んだ産業分野と同様に供給過多に陥る可能性も否定できない。

自前主義にカジを切る中国が幅広い産業分野で自己完結できるサプライチェーンを確立した場合、部品や素材を供給して対中貿易黒字を長く維持してきた韓国の輸出産業が揺らぐ。

米国偏重の尹錫悦政権は自動車や半導体を重視するものの、部品や素材などの地味な製品分野には目が行き届いていないとの指摘もある。中国政府の「中国製造２０２５」推進を見る限り、韓国が中国という「上得意先」を失うリスクは年々高まっている。

半導体供給網で中国はずし

米中対立の焦点に浮上した半導体分野で、韓国企業は中国と距離を取り始めている。23年の対中貿易額の19・9％減のうち「多くが半導体輸出の減少に伴うもの」（韓国産業通商資源省）だったためだ。

最大の要因は中国内の顧客の先細りだ。韓国半導体大手のサムスン電子とＳＫハイニックスの中国工場の主な出荷先はアップルや米ＨＰ、米デルのスマホやパソコンだ。台湾の鴻海精密工業など受託生産企業の中国製造拠点に供給され、米ブランドの製品に搭載されている。

米中対立を背景に、米ＩＴ大手が中国国内での生産量を抑える傾向にあり、最終製品の組立工場をベトナムやインドにシフトさせているのだ。アップルは現状、稼ぎ頭のｉＰｈｏｎｅの８割超を中国で生産する。それを２０２８年にはインド生産比率を25％に高める方針を、水面下でサプライヤーと共有した。タブレット端末「ｉＰａｄ」やパソコン「ｉＭａｃ」はベトナムで生産を拡大する。鴻海のほか、台湾の広達電脳《クアンタ》や和碩聯合科技《ペガトロン》などが生産の担い手となって中国以外での製造拠点を増強している。

インド政府高官からも「２０２８年」を意識した発言が飛び出した。インドのＰＴＩ通信のインタビューに対し、インド政府の産業政策担当者が「アップルはｉＰｈｏｎｅ生産を5年後（２０２８年）に（23年比で）5倍に拡大する」と述べた。

サムスン内部には、米政府による中国での投資制限を念頭に２０２８年までに中国・西安の半導体工場の投資回収を終えるプランがある。ＳＫハイニックスも米政府の規制を受けて中国国内の2カ所の半導体工場で先端投資が難しくなっており、設備投資を韓国内の新工場に振り向ける方針を示す。サムスンとSKの投資戦略、そこには2028年になればアップルなど米IT大手の「脱中国」が一層進んでいるとの目算がある。

米政府も2028年を見据える。米政府内で輸出管理を所管し対中強硬派とされるジーナ・レモンド商務長官は23年9月に米連邦議会で半導体戦略について「壮大なビジョンであり、5年後には多くのことが達成できるだろう」と強調した。米国内の半導体製造を支援する520億ドルの巨額補助金の支給期限は5年間だ。レモンド氏が言う「多くのこと」とは韓台企業などの米国への半導体投資を呼び込み、半導体強国復活への道筋をつけることを意味する。

ただ、米政府の思惑どおりに「中国はずし」が進むかどうかは見通しにくい。実際に米国規制の網をかいくぐって7ナノ半導体を中国SMICが量産しているためだ。

中国半導体大手の技術顧問は「第三国経由での装置輸入など（米政府の規制に）抜け道が多く存在する」と解説する。韓国や台湾から中国に転職する半導体技術者も後を絶たない。米政府の規制や米国や韓国、台湾企業の脱中国が進んだとしても中国の半導体産業の技術蓄積を完全に抑え込むことは難しいのが現実だ。

3 脱中国に動く韓国財閥

高まるインドへの期待

中国に代わる巨大市場として韓国産業界が期待を寄せるのがインドだ。インドは2023年に人口で中国を上回り、世界一となった。成長期待の大きい新興国群「グローバルサウス」の盟主として経済成長をけん引するとみられている同市場で、製造業中心の韓国財閥企業が輸出拠点を育てている。

23年9月にインドの首都ニューデリーで開かれた20カ国・地域首脳会議（G20サミット）。ホスト国インドのナレンドラ・モディ首相は多忙な会議運営の合間に、韓国の尹錫悦大統領との首脳会談に時間を割いた。そこで防衛装備品の供給拡大のほか、EVや半導体分野で韓印の技術協力の幅を広げることで一致した。インドへの先端産業の集積を進めて、両国で安定的な供給網を築くことで合意したという。

輸出が経済の屋台骨である韓国にとって、世界最大の人口を抱えるインド市場は魅力的だ。ハイテク産業の育成を急ぐインドにとっても、半導体技術を抱える韓国との連携はメリットがある。外交的な対立の少ない両国の経済連携の思惑は一致する。

そして今、1990年代後半から始まった韓国企業のインド事業は新たな段階を迎えている。インド工場の生産拡大とともに中東やアフリカ市場への輸出拠点としての機能を担い始めたのだ。中東やアフリカはインドと地理的に近く、気候や経済力も似通うため、インド向けモデルが通用しやすいとされる。

積極投資を続けるのが現代自動車だ。2023年8月にはGMのタレガオン工場（インド西部マハラシュトラ州）買収の発表に合わせて「これでインド生産能力は100万台水準に高まる」と表明した。グループ企業の起亜と合わせた生産能力は年140万台となる見通しで、インドが韓国に次ぐ第2の生産基地となる。現代自動車グループのインド国内販売は80万台のため、単純計算で60万台ほどを輸出に回せる。販売不振が続く中国では生産拠点の整理を進めており、インドの役割が一層高まる。

現代自動車は1998年に単独資本でインド南部のチェンナイに完成車工場を建設し、同国市場の開拓に乗り出した。インド向け戦略モデルの軽自動車「サントロ」のヒットを通じて、先行者のスズキ子会社、マルチ・スズキなどから徐々にシェアを奪っていった。2022年時点で起亜と合わせた国内乗用車市場シェアは21％で、マ

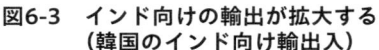

図6-3　インド向けの輸出が拡大する
（韓国のインド向け輸出入）

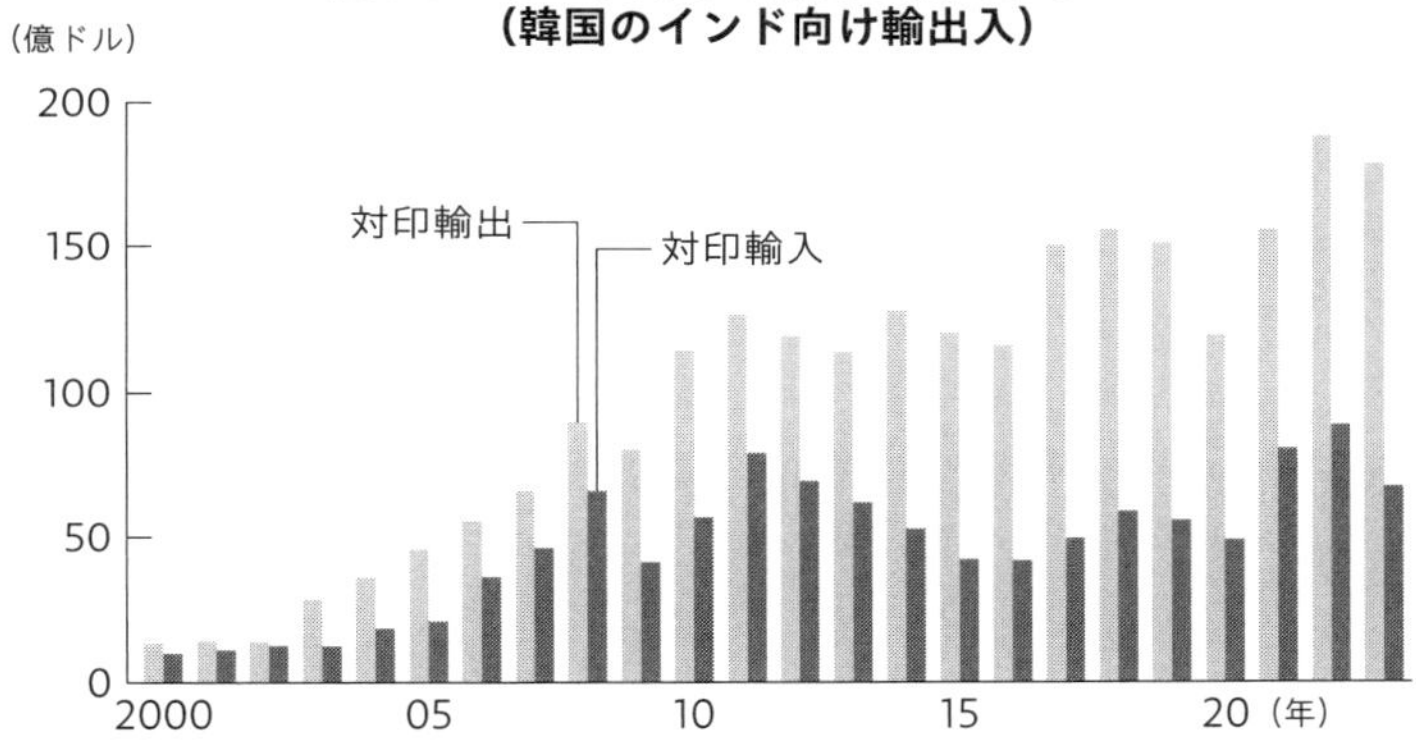

出所）韓国貿易協会

ルチ・スズキ（41％）に次ぐ2位だ。現代自動車の主要サプライヤー、現代モービスも現代自動車と起亜の現地工場のそばに部品工場を建設しており、新たな工場建設も検討している。２次サプライヤーなどの集積も勢いを増し、インド国内で韓国企業による供給網づくりが着実に進んでいる。

１９９５年に進出したサムスン電子もインドを重視。ニューデリー近郊のノイダ市にスマホの巨大工場を運営する。２０１８年発表の追加投資によって同工場の生産能力は年１億台規模となり、スマホ世界大手としてサムスンの出荷量の３〜４割ほどを占めるという。

サムスンは19年に中国でのスマホ生産からの撤退を表明し、主力拠点と位置づけるベトナムとともにインドへの生産移転を進めてきた。中国での賃金上昇が主な要因だったが、米中対立が先鋭化する中、結果的に中国に依存しない供給網構築につながった。さらにサムスンディスプレーが7億ドルかけてインドにパネル供給拠点を設けるなど関連産業の進出も続く。インド市場で中国ブランドとトップシェアを競うサムスンにとって、ノイダ工場はインド市場の深掘りと海外輸出拠点の拡充という二兎《にと》を追う上での重要な戦略拠点と位置づけられている。

ベトナム皮切りに日本の牙城・東南アジアを攻略

韓国産業界にとってベトナムも中国の代替機能を担う有力国だ。サムスングループは09年のベトナムでのスマホ工場稼働以来、積極投資を続ける。スマホの約5割、年間1億5000万台規模を同国で生産し、家電製品やディスプレーの工場でも進出。半導体パッケージ基板の先端品もベトナムで量産し、完成品から部品までを幅広く手掛ける生産基地と位置づける。韓国だけでなく日本や中国などのサムスンサプライヤーもベトナム北部に生産拠点を設けたことでスマホなどのデジタル製品の製造集積地に変貌した。

サムスンは1社だけでベトナムにおいて約20万人を雇用しており、同社の進出によってベトナムの輸出品の上位項目を塗り替えるほどの影響力を持つようになった。縫製品や農水産品、石油以外にこれといった輸出商品がなかったベトナムは12年、サムスンのスマホ輸出のおかげで初めて貿易黒字に転じた。21年のベトナムの総輸出額の19％に相当する655億ドルをサムスンが担ったという試算もある。そして現在はアップルのiPadやiMacの生産拠点も抱え、IT製品中心の輸出立国へと劇的に産業構造を変えた。ベトナム政府は「工業立国戦略」を掲げて、今後も外資の誘致によって産業の高度化を進める構えだ。

韓国勢では、LG電子が白物家電工場を北部の港湾都市ハイフォンに持ち、東南アジア各国、北米に出荷する。LGDも新工場に1000億円規模を投資する。現代自動車も商用車工場を稼働させ、ポスコも車用鋼板の生産拠点を持つ。化学大手の暁星《ヒョソン》グループも化学プラントを建設するなどベトナム進出の韓国企業の裾野も広がっている。

約1億人の人口を抱えるベトナムは、市場としての魅力も大きい。

ロッテはハノイとホーチミンで大型複合施設を建設するなど先行投資を続ける。23年9月にはハノイで約1000億円かけた2カ所目の大型商業施設を新たに開業させた。ショッピングモールとホテル、マンションなどの複合都市を自社開発する。

開業式典に出席したロッテの辛東彬《シン・ドンビン》（日本名は重光昭夫）会長は「ベトナムの経済成長と歩調を合わせて投資を拡大していく」と強調した。南部の商業都市ホーチミンでも２０２８年開業の大型複合施設を追加する計画を示している。

ベトナムに在留する韓国人は、日本人の約10倍の20万人に達した。ベトナム政府によると、20年に韓国企業が実施したベトナムへの直接投資の認可額は39億ドルで日本企業の１・7倍だ。ベトナム政府も巨額投資を続ける韓国を優遇する。社会主義国ながら「中国とは比べものにならないほど許認可手続きなどがスムーズに済む」（財閥大手幹部）という。さらにＫ－ＰＯＰや韓流ドラマの人気の後押しもあって、ベトナム国民にとって韓国は日本以上に身近な国になった。現代自動車がベトナムで乗用車の販売を伸ばし、東南アジアで圧倒的なシェアを握ってきたトヨタ自動車を22年に初めて抜いて首位に立った。

韓国財閥はベトナムの成功モデルを他国にも移植する考え。東南アジア諸国連合（ＡＳＥＡＮ）域内全体で6億人以上の人口を抱え、比較的若い人口構成のために成長市場として熱い視線を送る。その姿は国内市場の縮小に危機感を持つ日本企業と重なる。現時点で自動車産業を中心に日本企業の牙城である東南アジアでオセロの駒をひっくり返すように、ベトナムを起点として市場シェアを塗り替えようとしている。

現代自動車はインドネシアに完成車工場を建設し、同国で9割以上のシェアを握る日本車メーカーに先駆けてEVで新市場を開拓する。23年のASEAN首脳会談には高級車ブランドの「ジェネシス」を公認車として提供するなどインドネシア政府との関係を深める。24年にはジャカルタ中心部から南東約65キロメートルのカラワン地域の工業団地にある33万平方メートルの敷地で、電池大手LGエネルギーソリューションとの合弁で電池工場も稼働させた。同国政府系の鉱山会社から重要鉱物のニッケルを大量に買い付ける契約を結んで生産拡大を急いでいる。

6億人市場の開拓に韓国食品「Kフード」も鼻息が荒い。韓国食品最大手のCJ第一製糖はベトナムの食品工場をASEAN域内への輸出拠点として活用する。韓国風ギョーザ「マンドゥ」と、ソースなど調味料、加工米飯、キムチ、韓国のり、チキン、春巻きの7つの戦略商品を統一ブランド「ビビゴ」で展開する。インドネシアとマレーシアにはハラル対応商品の工場を整備し中東にも販売先を広げている。

4　防衛・原発で特異な立ち位置

武器輸出、ウクライナ侵攻で急拡大

米中という2つの経済大国の対立がエスカレートする中で、2022年にロシアのウクライナ侵攻が始まった。米国と連携を深める欧州に対して、ロシアは中国や北朝鮮との距離を縮めている。

こうした世界の分断の中で、韓国が手掛ける2つの産業が急浮上している。防衛装備と原発設備だ。尹錫悦政権は分断をビジネスチャンスと捉えて両産業の輸出拡大を推進している。

尹大統領は22年5月の大統領就任後、複数の防衛産業大手の生産拠点を視察してきた。韓国南部泗川《サチョン》市の韓国航空宇宙産業（KAI）の主力拠点で開いた官民挙げての武器輸出戦略会議で、尹氏は「防衛産業は新たな成長動力だ」と強調し、「研究開発や投資環境を整備し、内需中心から輸出中心に転換して防衛産業の生態系を構築する」

と訴えた。

ＫＡＩの戦闘機工場に隣接する軍民共用の泗川空港では22年夏以降、新型戦闘機の離着陸が繰り返される。２０２６年に量産を控える韓国初の純国産戦闘機「ＫＦ21」の試験飛行に使われているのだ。

インドネシアと共同開発する同戦闘機は性能別に「４・５世代」に分類される。各国の主力機である第４世代と、最新鋭の第5世代の中間の性能を持つ戦闘機との位置づけだ。ＫＡＩは部品組み立てから試験飛行のデータを集めて改良を加える一連の開発・量産工程を担う。ＫＦ21は韓国空軍が１２０機を導入する計画で、インドネシア軍にも納入する。韓国政府が開発費用として８兆８０００億ウォン（約８８００億円）を捻出。米欧大手の戦闘機に比べて比較的安価な価格に設定し、費用対効果を重視する新興国に売り込むことで、韓国の武器輸出の目玉にする狙いがある。

現在は、ＫＡＩが米ロッキード・マーチンの技術をもとに開発した軽戦闘機「ＦＡ50」が主力の輸出品だ。22年9月にはポーランド軍と48機、30億ドルの供給契約を結んだ。ポーランドはロシアやウクライナと国境を接しており、防衛力強化を急ぐ。防衛企業の現代ロテムの戦車１８０台に加え、防衛大手ハンファグループの自走砲や弾薬など、韓国から計１２４億ドルにのぼる兵器購入を表明した。現代ロテムは

韓国は戦車など武器輸出に注力する（2023年10月、ソウル市郊外の防衛装備品展示会）

ポーランドの協力企業と組み、戦車の現地生産に入る。韓国メディアによると、ポーランド政府は韓国の防衛装備品について「過去70年に及ぶ（北朝鮮との）休戦期間中に絶えず戦争に備えており、兵器の品質も高い」と評価しているという。

韓国の防衛産業と関係を深めるのはポーランドだけではない。フィリピンはＫＡＩの戦闘機を実戦配備しており、エジプトやマレーシアも同戦闘機購入を交渉中。アラブ首長国連邦（ＵＡＥ）は韓国のＬＩＧネクスワンが手掛ける地対空ミサイルで20億ドル規模の契約を交わした。

ハンファ・エアロスペースはオーストラリア政府と装甲車や自走式火砲など１０００億円超の武器供給契約を結び、同

図6-4　東欧各国からの受注が急増した（韓国の防衛装備品の海外受注額）

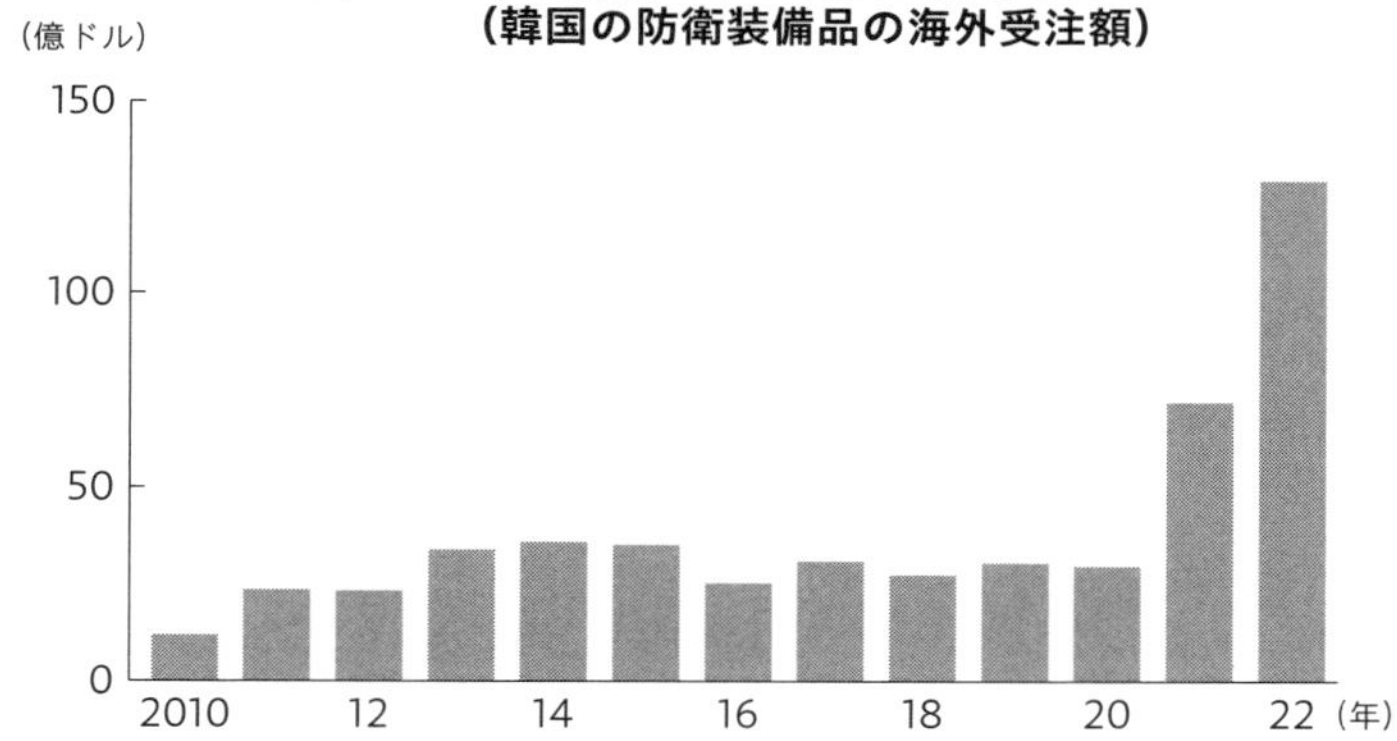

出所）韓国防衛事業庁

国に工場建設を進めている。15万平方メートルの敷地内には地元のサプライヤー企業も入居し、24年中の稼働を目指すという。

　ロシアのウクライナ侵攻を機に各国政府は防衛予算を一気に引き上げている。これが防衛装備の輸出拡大を掲げる韓国にとって強い追い風となる。22年の韓国の防衛装備品の海外受注額は１３０億ドルと前年の8割増水準に急増した。23年も勢いは衰えず22年をさらに上回った。

　背景にあるのが、文在寅政権時代からの韓国産業界の取り組みだ。防衛装備品の国産化を目的に研究投資の増額を推進し税制優遇など手厚い支援を施した。前政権を批判することが多い尹錫悦政権もこの防衛装備の輸出拡大政策を引き継いでいる。

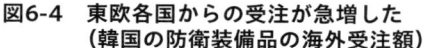

防衛産業強化に向け、国内企業の再編も始まった。23年には政府系の韓国産業銀行が主導する形で、造船世界大手の大宇造船海洋をハンファグループが買収した。ハンファは「陸海空の統合防衛産業システムを自社で確立できる」と買収の意義を強調。造船業に進出し大宇造船の艦艇事業をラインアップに加える。その上で「中東や欧州、アジアの顧客基盤を共有することで潜水艦や戦闘艦の輸出拡大に貢献できる」としている。

脱原発は「バカげた政策」、原発再拡大を進める韓国

防衛装備品と並んで、尹錫悦政権が輸出拡大を推し進めるのが原発設備だ。

23年7月、尹錫悦大統領はリトアニアで開かれた北大西洋条約機構（NATO）首脳会議でスロバキアやハンガリー、ルーマニアの首脳に原発技術での協力を提案。ポーランドを直接訪問して同国の原発新設に協力する姿勢を示した。さらにチェコでも新設計画の事業者選定に名乗りを上げた。

22年5月に発足した尹錫悦政権が経済分野で明確に方向性を示したのが、原発拡大政策だった。文在寅政権の脱原発政策を「5年間もバカげた政策を続けた」と非難し、

「脱原発をただちに白紙化し『原発強国』をつくる」と訴えた。国内での原発新設に加えて、原子炉や原発関連設備の輸出を増やすためにトップセールスを自任して国内の原発産業の復権を進める方針を示す。韓国電力傘下の原発事業子会社が主体となり、原子炉メーカーの斗山エナビリティー（旧斗山重工業）が原子炉を供給、大宇建設や現代建設などが建設工事を担う。政府と民間の官民一体での営業攻勢を仕掛けている。

韓国が有望顧客とする東欧各国は、旧共産圏という歴史的経緯からロシア（旧ソ連）の原発技術を導入してきた。ただ、ロシアのウクライナ侵攻によって、ロシアとNATOの断絶は決定的なものとなり、安全保障の観点から西側諸国の原発技術を導入する意向を強めている。その一方で日米欧の原発メーカーは東日本大震災以降に新規建設案件から遠ざかっており、中露メーカーを除けば、原発建設を担える数少ない選択肢として韓国が浮上する構図となっている。

韓国は09年にUAEのバラカ原発（4基）の建設を官民パッケージで受注した実績がある。受注額は186億ドルで、21年に1号機が稼働を始めた。さらに22年にはエジプト初の原発となるエルダバ原発4基の新設プロジェクトの建設部分を25億ドルで受注した。原子炉を除く幅広い機材の納入も請け負う。

韓国内での原発再拡大も打ち出した。産業通商資源省は23年7月に「電力政策審議会」を開き、新規の原発建設などで電力需給を改善し脱炭素につなげる方針を示した。審議会では「新規原発導入を踏まえて費用面で合理的・効率的な電源構成を検討する」ことが確認された。24年中に策定予定の「電力需給基本計画」立案のための専門委員会が具体的な協議を始め、２０３８年までの長期のエネルギー計画をまとめる。

産業通商資源省の李昌洋《イ・チャンヤン》長官は「長期的な電力需要の増加に対応するために新規原発を含む電源構成を検討する必要がある」と主張した。韓国では電力消費の大きい半導体工場やデータセンターの建設ラッシュが続いており、産業用途の電力需要が伸び続ける。政府としても安定的なベースロード電源の確保が喫緊の課題となっていた。

旧来型の大型原発の新規建設のほか、安全性に優れた「小型モジュール原子炉（ＳＭＲ）」と呼ぶ次世代原発の導入も検討する。韓国では斗山エナビリティーやＳＫ、サムスン物産が米ＳＭＲスタートアップ企業に資本参加して関連技術や運営ノウハウを蓄積している。韓国内でのＳＭＲ導入計画も水面下で進む。

韓国政府としては、防衛装備と原発設備という安全保障に深くかかわる産業分野を自国内で抱え、外交戦略と絡めながら有利な立ち位置を狙う思惑もある。こうした輸出戦略においても前政権までの「安米経中」の姿勢は見られず、明確に脱中国に傾倒している。

韓国経済は成熟期を迎えた（ソウル市中心部）

第７章

韓国経済蝕む静かな危機

1　止まらぬ少子化、出生率0・72の実相

従来型の社会通念とSNS、若者の生きづらさと不安を増幅

日本経済新聞社ソウル支局は2024年3月に「迫真 出生率0・72 韓国の警鐘」と題した連載記事を執筆した。同年2月に23年の合計特殊出生率（1人の女性が生涯に産む子どもの数、暫定値）が0・72になったという韓国政府の発表を受けての記事だった。日本（22年に1・26）と比べてもはるかに低く、世界最低水準を更新し続けている。韓国の出生率は1984年に2を割り込み、その後も低下が続いて2018年には0・98と初めて1を下回った。経済協力開発機構（OECD）の平均（21年＝1・58）を大きく下回る状況だ。

歴史的に儒教の価値観が根づく韓国社会において、自身の幸福な生き方を描きにくくなった若者世代はどのような苦悩を抱いているのか。これを取材し、記事として言語化したいとの思いから半年ほど前より準備を進めてきた。これまでも韓国の超少子

化は大きな関心が寄せられていた。しかし、メディアが報じる分析は教育費の高騰や不動産価格の上昇といった定量的な要因分析ばかり。結婚するか、子どもを持つか、といった個人の人生の選択には、こうしたお金の問題に限らない個々人の無数の要因があるはずだ。韓国の若者世代は何を感じ、どう考えているのか、その定性情報を求めて多くの若者の声を聴いた。

ソウル駐在期間に出会った若者、取材先、彼ら彼女らの友人と食事をともにして、失礼を承知でプライベートな質問をぶつけ続けた。結婚願望はあるのか、付き合っている人はいるのか、どうやって出会っているのか、セックス観は……。そこから見えてきたのは、「唯一の正解を求める教育制度」や「他人と比べないと幸せを確認できない国民性」が若者の生き方を強く縛っているという現実だった。

取材で会った30歳の女性は両親の反対を受けて「初めて本当に好きになった彼」との別れを決断したという。少し年上の彼は、自身の夢を追ってアルバイト生活を続けていた。不安定な職業の恋人との交際を反対した女性の母親。「娘に苦労させたくない」との思いからの反対だったが、女性はこうした古い価値観に反感を抱きながらも両親を説得しきれない自分の自信のなさにも複雑な気持ちを抱えていたという。

大企業に入社して安定した職を得て同じような境遇の男性と結婚して子どもを育てる――。そうした人生が幸福だと信じて疑わない母親世代と、自身の人生観は異なる。こうしたギャップに思い悩む若者は多い。韓国では結婚時にマイホームを買うのが一般的で、不動産価格の高騰によって親の手厚い援助がなければ結婚時のマイホーム購入は難しい。結婚して子どもを育てるといった生活ですら庶民には手が届かない社会になってしまった。こうした環境下で、別れを選んだ女性はこう感じたという。「自分が親から受けた教育を子どもにはしてあげられない。ならば、私は子を産んではいけない」と。

韓国では、車を購入する際の判断項目の1つに「下車感」という言葉がある。乗り心地を指す「乗車感」と異なり、車を降りた際に他人にどう見られるか、羨望の眼差しで見てもらえるか、という基準だ。現代自動車の高級車ブランド「ジェネシス」が好まれ、欧州系の高級車ブランドの「下車感」も特に人気だという。それほどまでに他人にどう見られるかが韓国社会では重視される。

この10年、若者の考え方を大きく変えたのがSNSだ。スマホ画面にあふれるきらびやかな世界に触れ、自身の現実との差に打ちのめされるようになった。持てる者と持たざる者の対立構造の中で、韓国社会は世代間や正規雇用と非正規雇用、男女の分断をますますエスカレートさせてきた。従来型の社会通念とＳＮＳ、これらが韓国の若者の生きづらさと将来不安を増幅させたといえる。

実際に妊娠・出産を担う女性を支える制度も十分とはいえない。大企業を除いて育休の取得や時短勤務などの制度は不十分で、出産によるキャリア断絶への懸念も根強い。女性の平均賃金は男性より3割低く、ＯＥＣＤの加盟国でもその差は最大だ。スタートアップ企業で働く33歳の女性は、結婚したものの妊娠・出産には踏みきれないでいるという。「このまま産休・育休に入ったら会社での自分の席はなくなってしまうかもしれない」との不安が大きいという。この女性は「友人はサムスンのグループ企業で働いているから子ども2人を育てられている。とても私にはムリだ」とも話す。

さらに韓国社会の価値観も障壁となる。財閥大手企業に勤務する女性（28）はスイスの大学院出身で、韓国の画一的な結婚・出産、キャリアプランに違和感を抱く。大学院時代の友人たちは「20代で子どもを産んだ後に大学院生になって学ぶ人も多い。韓国では画一的な人生を求められることが多く、若い女性の選択肢が少ない」と訴える。韓国ではバリバリ働く女性ほど結婚・出産に伴うキャリアの断絶を意識し、仕事か結婚かという二者択一を迫られることが多い。１人用マンションの増加など、結婚せずに幸せに暮らせる社会環境が整ってきたことで「非婚」を選ぶ人も増えている。

結婚前の恋愛模様もSNSが大きく変えた。韓国の結婚相談所大手、デュオの朴水京《パク・スギョン》CEOは、ある男性会員の質問が強く印象に残っているという。「アプリにはきれいな女性が多いのに、なぜ相談所では出会えないのでしょうか」――。朴CEOは「この10年でSNSなどの表面的で装飾された情報に接し、男女問わず過度に理想の高い人が増えている」と話す。

同社はこれまで4万8500人の会員を結婚に導いてきたという。マッチングアプリ疲れのほか、コロナ禍によってリアルに会える場がなくなってから会員数が急増した。一度会員になったものの、高い理想を追い求めて退会していく会員も多い。同社のマッチングマネジャーは新規会員に対して「高い条件を持ち続けたら、良い人を見逃しますよ」とアドバイスしている。「過度な完璧主義をまずは緩めていくところからが結婚相談所の仕事だ」と話す。

小3塾代、月30万円超

ソウル市江南区の高級住宅地、大峙洞《テチドン》。韓国のマンション価格で最上位のこのエリアは「最上の教育環境」によって価格上昇が続いた特異な場所だ。100平方メートルで3億円は当たり前。高層階では5億円はするマンションも少なくない。24年時点で東京都港区を大きく上回るマンション相場になっている。

平日夜8時、大通りの路肩にはポルシェやベンツ、現代自動車の「ジェネシス」といった高級車がずらりと並ぶ。学習塾を終えた子どもを迎えに来た親の車列だ。小学生から高校生まで、集団講座から個別指導まで、同エリアには500を超える学習塾がひしめく。年収1億円を優に超える「スター講師」による相場の3倍の月謝の高級塾、一人ひとりに最適な塾を紹介するコンサルティングサービスまである。

ベンツで小学3年生の一人息子を迎えに来た母親(39)は週16回の塾・習い事に通わせているという。英文法や英会話はもちろん、算数だけで「基本講座」「図形」「思考力」と3種類の塾に通う。中高の通常授業で優秀な成績を修められるように「論述」もある。チェロや水泳、テコンドーといった習い事もこなす。

ある週末の朝、息子が悲痛な表情でつぶやいた。「お母さんに引きずり回されてるみたい。今日は休みたい」。さすがにその日は休ませた。9歳の息子を勉強漬けにすることに罪悪感もある。母親は自身の幼少期を振り返った上で「もっとのびのびと育ってほしいという気持ちもある。ただ、周りの親たちを見ると今から手を緩めたら将来苦労するのは息子だから……」と話す。そして「大学受験まであと10年しかない」とため息をついた。

家計のうち塾代は月額300万ウォン（約30万円）を超える。それでも周りの親を見ると平均的という。「あなたの未来のためなの」「他人に負けていいの？」――。母親たちは「子どもの将来のため失敗したくない」と教育投資を惜しまない。

話を聞いた母親は夫婦そろってサムスンのグループ企業に勤務する。世帯収入で2500万円を超える家庭だから可能な出費といえそうだが、近所の家庭も似たようなものという。多くの家庭が共働きで午後3時以降の放課後時間帯に子どもにかまえないため、学校からの送迎バスが完備された塾に通わせている家庭が多い。「家で一人っきりで過ごすよりも塾に行けば友達にも会えるので安心」という側面もある。

韓国では小学生から厳しい競争を強いられる。競争に打ち勝ち、ソウルの名門大学に入学できれば財閥系企業への就職チャンスにつながる。地方や中堅の大学では「人脈も得られず、安泰とはいえない」（ソウル市で子育て中の財閥企業社員）と考えるためだ。そうした強迫観念が韓国社会全体にまん延している。

財閥企業に夫婦で勤めて一人っ子に惜しみなく教育投資をしなければ、厳しい競争の中で名門大学に入れないという事情もある。そのために結婚相手が勤める企業として上位財閥は人気が高く、就職難度が高まる傾向にある。そして子どもに英才教育を施して名門大に入れようとすることで韓国社会の階層の固定化も進む。

小中高校の教師も受験競争の勝者であり、自分の生徒を名門大学に送り出すことが重要な役割だと信じて疑わない。結果的に受験最優先の画一的な教育がまかり通る。未婚の20~30代ですら、まだ見ぬ子どもの苦労を憂い、高額な教育費負担を想像し子どもを持つのをためらっている。

そんな韓国の教育制度に背を向ける人もいる。韓国のスタートアップ企業社長の金仁成《キム・インソン》さん（40）は「他人を押しのける人間になってほしくない」と24年春に日本人の妻と6歳の息子を日本に送って家族と離ればなれの生活を始めた。妻の実家のある千葉県の小学校に通わせて、日本の教育を受けさせることを決めた。

金氏自身は学生時代に日本の漫画やアニメなどを通して、同世代が部活動に励んで青春を謳歌する姿に憧れたという。韓国にも学生のクラブ活動はあるものの、サッカーや野球などプロ選手を育成するような特待制度を持つ一部の学校に限られ、9割超の一般学生にとっては縁遠いものだ。そのため放課後は学校の補習を受けるか、塾に通うといった選択肢しかないのが現状だ。金氏は「韓国式の勉強ばかりの学校生活を送ってほしくない」との強い思いから家族離ればなれの生活を選んだという。

画一的な教育制度を問題視する20~30代も増えている。金氏のように外国の学生生活を知ったことで韓国の教育制度に疑問を抱き、自分の子どもには韓国の教育を受けさせない人も増えている。さらに外国の同世代の日常がSNSを通して見られるようになった影響も大きい。実際に話を聞いた韓国の若者は皆一様に大学受験に照準を絞った教育制度に違和感を抱えていた。

23年6月には尹錫悦大統領も教育改革に取り組む姿勢を打ち出した。日本の大学入学共通テスト（旧センター試験）に相当する韓国の「大学修学能力試験（略称スヌン）」において教科書では習わない「キラー問題」と呼ばれる超難問が出題されることを問題視。「公教育の課程で扱わない問題はスヌンから排除しなければならない」と話し、大学受験制度の見直しを指示したのだ。通常教育の範囲外からスヌンに出題されるために塾での学習が必要になって子育て費用の増大につながり、結果的に少子化に帰結している、というのが尹政権の問題意識だ。

尹大統領が「教育当局と塾産業は結託しているのか」と言及したことで、教育省と教育産業界は揺れた。大統領の発言後、初めての試験となった23年11月のスヌンでは、正答率が2～3％とされるキラー問題は出題されなかった。その一方で学生の学力差を正確に測ることができたのかは検証が続けられている。

かつては人口爆発が社会問題

ソウル市中心部の景福宮《キョンボックン》。14世紀に風水理論に基づいて設置された李氏朝鮮王朝時代の王宮であり、1945年までの日本統治下では朝鮮総督府が置かれた。韓国近代史の象徴でもある旧王宮の正門にあたる光化門《クァンファムン》そばに国立の大韓民国歴史博物館がある。

1970年代には「明日じゃ遅い！　止めよう、人口爆発！」という啓発ポスターが貼り出されていた

現代史展示コーナーの一角に1枚の啓発ポスターが貼り出されていた。朝鮮半島から人があふれて何人かが日本海や黄海に飛び込むイラストで、真ん中に描かれた男性は「助けてくれ！息が詰まって死んじゃう！」と叫ぶ。ポスターのメインメッセージは「明日じゃ遅い！　止めよう、人口爆発！」で、避妊

を呼びかける内容だ。
発行者は「社団法人主婦クラブ連合会『妊娠しない年』キャンペーン本部」で、発行年は75年。「漢江の奇跡」と呼ばれる高度経済成長に向かう70年代前半の韓国出生率は4・5と高い水準で、2024年の超少子化とは正反対の人口爆発が社会問題となっていた。

それからおよそ50年で韓国社会は劇的に変わった。日本のおよそ半分の期間で急速に「圧縮成長」した韓国経済の歪みともいえそうだ。英オックスフォード大学の研究論文では「世界で初めて少子化によって滅びる国が韓国となる」との政策提言が出されるなど、人口減少が韓国の国家存亡の課題として国内外に認識されるようになった。

韓国政府も重い腰を上げて対策に乗り出した。尹大統領は24年6月の「少子高齢社会委員会」において非常事態を宣言。「少子化問題を克服するまで全国一律で総力を挙げて対応できる体制を築く」と強調した。結婚時、出産時、育児期の税額控除の仕組みを導入する。さらにソウル首都圏への一極集中が自由な子育て環境を奪っているとして地方の均衡発展のために雇用や教育、医療改革を推進する方針を示した。企業側にも男性の育児休暇取得の努力義務化や手当

図7-1　韓国の出生率は急落している（各国の合計特殊出生率）

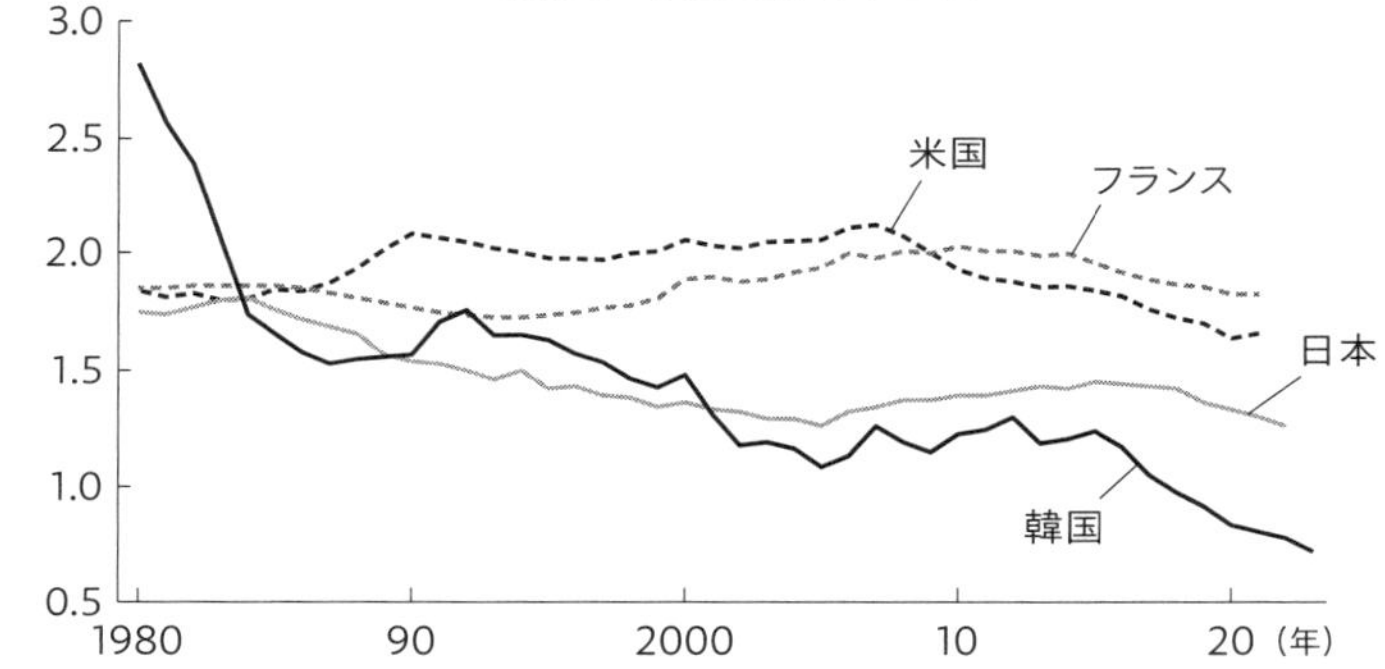

注）最新の数字は各国統計
出所）世界銀行

て保証、育休復帰後の不当な扱いを禁止する法整備などを検討する。

さらに同年7月には「低出産対応首席室」を設置。初代首席秘書官として柳慧美《ユ・ヘミ》・漢陽大学教授を任命した。韓国の少子化対策という重い課題を解消するためのコントロールタワーの役割を担う。柳氏は女性の社会進出と経済全体に及ぼす変化について研究してきており、少子化対策に適任とされた。大統領府は「政府政策への深い理解があり、小学生の双子を育てるワーキングマザーで育児の苦労を誰よりもわかっている」と説明した。

人口拡大政策に本腰を入れる韓国政府。そこには「今が出生数底上げのラストチャンス」との危機感がある。朝鮮戦争休戦後、国土再建が始まった1960年代は出生率が5を超えて毎年100万人超の新生児が生まれていた。その時期の「韓国版ベビーブーム」の子どもの世代がまだ出産適齢期の2020年代が最後のチャンス。30年代に入ると20〜30代の人口が急減するためだ。

出生数は半世紀の間に4分の1以下の23万人（23年）に激減しており、経済・安全保障の観点でも国家の危機が迫る。

伝統的に韓国経済は屋台骨の製造業、とりわけ輸出産業によって国が発展してきた。5170万人の人口では個人消費は小さく、サムスンや現代自動車など財閥大手の輸出に経済が大きく依存した構造になっている。製造業では工場自動化が進むものの、一定の労働力が不可欠なため生産労働人口の減少は韓国経済の停滞につながる。

さらに北緯38度線を挟んで北朝鮮と対峙する韓国軍としては徴兵対象者の減少は軍事力の低下にもつながる。尹錫悦政権が「国家存亡の危機」と主張するのは決して大げさではない。OECD加盟国で最悪の少子化水準である韓国の対策が功を奏するのか、同じ人口減少に悩む日本をはじめ世界各国の政策立案者が韓国の試行錯誤を注視している。

2　老若男女それぞれの「生きづらさ」

高齢者貧困率はOECD最悪

１人あたりＧＤＰで日本と並ぶ韓国。都市部には整然と高層ビルが立ち並び、一見すると日本同様の成熟国家となった。ただ、韓国の高所得者層が好んで住むソウル市江南区にバラック小屋が並ぶ貧困層エリアがあることを知る外国人は少ない。

30階超えの高層マンション群の灯を間近に望める江南区南部の小高い丘には、トタン板を貼り合わせた屋根に農業用ビニールをかぶせた平屋が５００軒ほど並ぶ。「九龍村《クリョンマウル》」と呼ばれる地域で、ゴミ処分場が近くにあり、足を踏み入れるとすえた臭いが鼻をつく。冬場に行けば、支援団体から配給された練炭が軒先に積まれる。ソウルのマイナス20度に達する厳しい寒さに耐えるために屋内で練炭を燃やして暖を取る。ここの住民の多くは70代、80代の独居老人だ。九龍村のような地域は大都市ソウルに複数存在する。

「圧縮成長」と呼ばれるほど短期間での高度経済成長を遂げた韓国では社会保障制度が追いついておらず、特に国民年金制度は１９８８年に始まったものの、多くの高齢者は十分な積み立てがなく、月６～７万円程度の社会保障での生活を余儀なくされている。さらに80年代以降の経済成長に伴う急速な物価上昇によって過去の貯蓄だけでは食べていけない。日本のように物価上昇が緩やかであれば実質的に貯蓄が目減りすることはないが、韓国では物価上昇に伴う現金価値の低下が著しく、職を持たない高齢者の生活は困窮するばかりとなっている。

儒教社会が色濃く残る韓国では、老後は子どもに養ってもらうという考え方が根強く、国家に経済的な余裕がなかったこともあって年金制度の整備が遅れた。それでも子どもが４人も５人も生まれていた時代には同居することで生活はできた。それが世界最速の少子化が進む今、子どもや孫には頼りたくても頼れないのが現状だ。

足元の超少子化が続くことで脆弱な年金制度も破綻の危機がささやかれ始めた。韓国政府の試算によると、現在の支給水準を続ければ２０４１年に年金収支は赤字となり、２０５５年には積立金が底をつくという。現在35歳の人が65歳となって年金を受給する頃には一切の年金を受け取れないという試算だった。

尹錫悦政権は年金改革を訴えるものの、生産労働人口の減少と高齢者の急増を背景に、現役世代に大きな負担を強いる以外に手立てはない。現政権は保険料率の引き上げに動き出したものの、世論の反発は大きいままだ。歴代政権もこの問題に抜本的な対策を打ち出せずに先送りしてきた経緯があり、今後は受給対象の高齢者側に減額という負担を強いる形にならざるを得ない。貧困層の困窮が一層深まることは避けられない。

韓国政府によれば、所得格差を示す「相対的貧困率」で見た韓国の65歳以上の貧困率は43・4%とOECD加盟国の中で最も高い。追い打ちをかけるように文政権下の不動産価格の高騰が、賃貸物件で暮らす高齢者を直撃した。経済成長の恩恵を受けにくい高齢世代の多くは「先進国で最悪水準」の貧困に苦しむ。

高齢者の困窮ぶりを示すデータが自殺件数の多さだ。韓国統計庁によると、10万人あたりの自殺者数は60代で30人、70代で39人、80代で63人にのぼる。韓国はOECD加盟国で最も自殺率が高く、20年ほど平均値の2倍以上で推移する。

OECDで最悪の自殺率について、日本では過度な競争によって若者が命を落とすと思われがちだ。もちろん若者の自殺も多いものの、貧困や健康問題によって自ら命を絶つ高齢者が他の先進国と比べて圧倒的に多い。米国型の競争社会を求めすぎたことで社会保障の整備が遅れ、支援の網からこぼれ落ちた高齢者が数十万人規模いると推定されている。

こうした背景から22年の大統領選挙で尹錫悦氏と接戦を繰り広げた革新系の李在明《イ・ジェミョン》氏は選挙演説で「韓国は世界10位の経済強国にもかかわらず、福祉水準は30位。高齢者は貧しく苦労している」と強調し、ベーシックインカム（最低所得保障）の導入を訴えた。李氏自身、寒村で生まれて貧しさゆえに中学・高校に通えず、近所の工場で働きながら学んで弁護士になった経歴を持つ。格差是正を求める低所得者層や高齢者層からの票を集めて、尹氏と得票率0・7ポイント差まで詰め寄った。

韓国ではこうした貧富の格差を巡る不満が社会に鬱積する。他人と比べ合う横並びの意識が強く、生まれながらの金持ちである財閥創業家に対する嫉妬も渦巻く。22年の大統領選の取材で話を聞いたソウル市の飲食店で働く女性（71）は「今の韓国社会の格差は異常。革新政党によって格差是正に取り組んでほしい」と李在明氏を熱烈に支持していたのが印象的だった。

朝鮮戦争の記憶が残り、軍事独裁政権のもとで経済発展を遂げた歴史を知る高齢者は、伝統的に保守政党の支持者が多い。保守政権にとって盤石な支持基盤とみられていた高齢世代の票が、生活の困窮から革新系政党に流れる。次の韓国大統領選挙にて再び文在寅氏のような、財閥規制による格差是正を主張する大統領が誕生すれば、サムスンら財界にとって強い逆風となりかねない。韓国では政治と経済が共鳴し合うことが多く、こうした社会問題が思わぬ形で噴出して企業活動に影響が及ぶリスクも大きい。

「剝奪感」に下向く若年層、そして韓国社会

貧困にあえぐ高齢者と、過度な競争社会に疲れ果てる若者。そして韓国経済を支える30～40代の現役世代も住宅価格の高騰に苦しむ。

17年から22年までの文在寅政権の5年間でマンション価格は全国平均で1・8倍に高騰。ソウル市だけを見れば2・1倍の上昇となった。コロナ禍での経済対策に伴う金融緩和の影響も大きく、投資マネーが不動産市場に流れ込んだ形だ。文政権は土地活用の規制緩和によってマンション供給を増やすなど20を超える不動産価格抑制策を打ち出したものの効果は薄く、価格上昇は止まらなかった。

一方で、市民の所得はそこまで増えていない。23年の政府統計によると、韓国の勤労所得者の平均給与は年4390万ウォン（約440万円）だった。ソウルの平均マンション価格12億ウォンは、平均給与のおよそ27年分に相当する。一般の労働者には手

の届かない水準となっている。

価格高騰によって都心の高級マンションは投機対象となり、雑誌や新聞で語られる転売で財をなした成功談は耳目を集めた。投資対象は株式やビットコインにも波及し、若者層は手元資金をつぎ込んで投資に熱を上げた。貯金を韓国株に変えたベンチャー企業勤務の男性（28）は「まじめに働いても家は買えない。それなら手元資金を少しでも増やしていくしかない」と話す。

勤労所得の上昇幅を大きく上回る不動産高騰への若年層の不満は高まった。韓国では賃貸居住者を「無住宅者」と軽蔑的に呼ぶ言葉もあるほど、持ち家信仰が根強い。価格高騰によって買いたくても買えない層は不満を募らせ、既に持ち家のある人も固定資産税の上昇に不満を持つ。不動産高騰への対策が22年大統領選の最大の争点となり、文在寅氏率いる革新政権は無策と判断されて尹錫悦大統領の誕生、政権交代を招くことになった。

23年時点でソウル市のマンション平均価格は円換算で1億2000万円を上回っており、実際に所得水準に見合わない住宅ローンを組んだ家庭も多い。韓国銀行（中央銀行）によると、韓国の家計負債は1882兆ウォン（約190兆円）と、文在寅政権の5年間で4割増加した。韓国金融監督院がまとめた家計負債のＧＤＰ比率で、韓国は

104%と、日本（64%）や米国（79%）と比べて個人の借り入れが多い。

さらに韓国では住宅ローンの8割ほどが変動金利で、急速な物価上昇に韓国銀行が政策金利の引き上げで対応したために家計の利払いが増える構図だ。韓国銀行によると、23年12月の平均貸出金利は年5・14%。仮に5000万円分の住宅ローンを借りた場合に平均で毎年約250万円の利子負担が発生する。その結果、韓国銀行の利上げが消費に響き始めた。韓国銀行の統計担当者は「住宅価格の高騰と家計負債の増加が国内消費の回復にとって重荷になる」とみる。


次代の働き手となる20代の苦境も深刻だ。

経済的に自立する年齢になっても独立せず、実家の両親に依存して生きる「カンガルー族」と呼ばれる若者が急速に増えている。OECDの報告書によると、韓国は両親に頼って暮らしている20代の比率が81%と、OECD平均（50%）を大きく上回って加盟国中で最も高かった。男性の兵役義務によって就労の遅れがあるものの、就職難に加えて住宅価格や生活費の高騰が影響する。

日本のように新卒一括採用の制度はなく、20代半ばを英語習得のための留学、就活指導塾などに通って就職試験の準備をする若者も多い。韓国では大企業と中小企業の給与格差は2倍以上に開いており、大企業に入るのが「勝ち組」とされる。20代の失業率は7・7%と全世代平均（3・7%）を上回るものの、中小企業は採用難に見舞われるなど雇用のミスマッチも深刻化している。

こうした正社員になれない、もしくはならない若年層はアルバイトや非正規職で日銭を稼ぐことになる。ただ、飲食店アルバイトはコロナ禍によって求人が途絶え、革新政権下の最低賃金の急激な引き上げによってコンビニ店舗は店員が常駐しない無人店舗へと姿を変えた。結果的に料理宅配のバイク配達員が急増した。コロナ禍で需要が増えたにもかかわらず、急増した配達員の過当競争によって十分な賃金が得られない事態となった。

韓国の若者がよく口にする言葉として「剝奪感」がある。必死に働いても報われず、上の世代などの恵まれた他人に自分の人生が奪われ続けているとの意味で使われる。こうした言葉が流行するほどに若者の生きづらさは深刻だ。若年層の生活が苦しくなった結果、少子化が加速している面もある。こうした韓国社会の課題は複雑に絡み合って悪循環に陥っており、解きほぐす糸口を誰も見いだせていない。

3 「国家均衡発展」の幻想

五輪開催地は寒村に逆戻り

韓国北東部の江原道《カンウォンド》平昌《ピョンチャン》郡。2018年の冬季五輪が開かれたことで平昌の名は世界に知られた。就任1年目の文在寅大統領が北朝鮮との融和を目指して「南北統一旗」を掲げ、韓国と北朝鮮は開会式で合同行進を実施。北朝鮮側からは金正恩《キム・ジョンウン》総書記の妹で党第一副部長の金与正《キム・ヨジョン》氏も駆けつけた。

文大統領がこだわり続けた南北融和が動き出す華々しい舞台となったメインスタジアムは、閉会後ほどなく更地となった。跡地には平昌五輪を記念し競技写真やマスコットキャラクターが並ぶ小さい展示館が残るだけ。周辺のスキー場では近年の雪不足と、コロナ禍で外国人訪問が途切れたことで、ホテルなどの観光業が軒並み苦境に陥った。

「平昌五輪前と比べて売り上げは3分の1以下。1日10万ウォン（約1万円）いけばいい方だよ」。日中でも気温マイナス10度の中、タクシー待機所のプレハブ小屋で暖を取っていた運転手の男性（70）が明かす。平昌五輪の遺産となる競技施設を訪れる人は少なく、五輪誘致以前の寒村に逆戻りした。

山間部の平昌郡は65歳以上の人口比率が30・1％と全国平均（17・2％）を大きく上回る。タクシー利用も病院の送迎などに限られる。主要産業の畜産は飼料高騰に苦しむため景況感は厳しい。若者は有力企業のない同地を離れて車で3時間ほどのソウル市を目指す。若者の流出と地域経済の衰退は全国共通の課題となった。

文在寅政権は「所得主導型成長」と「国家均衡発展」を経済政策のスローガンとした。実際に5年間で最低賃金を42％引き上げ、24年には最低賃金が時給1０００円に到達した。韓国の最低賃金は日本と異なり全国一律。そのため地方では急激な賃金上昇の副作用として雇用減を招いた。飲食店やコンビニ店が人件費を賄いきれずに雇用を維持できなくなった。平昌で飲食店を営む男性（65）は「急速な賃金上昇によって中小企業や自営業者が人を雇えず、高齢者も清掃や警備の職を失った」と話す。

韓国の人口５１７０万人のうち、約半数がソウル首都圏に集中する。ソウル特別市と同市を取り囲む京畿道、隣接する仁川広域市への人口流出は止まらない。

造船の島は外国人頼み

韓国で最も豊かな地域は――。日本人と同じくランキング好きの韓国人の間でたびたび話題になるのが、自治体ごとの市民の平均所得水準ランキングだ。首都ソウル市のほか、サムスン電子が本社を構える水原市、韓国のシリコンバレーと呼ばれる城南《ソンナム》市、そして現代自動車が主力拠点を持つ工業都市の蔚山市などが上位に並ぶ。このランキングで2010年代前半にトップに立ち、その後もランキング上位の常連だったのが南東部の巨済《コジェ》市だ。

巨済市は巨済島を中心とした複数の島で構成される。巨済島は面積400平方キロメートルと、韓国で済州《チェジュ》島に次いで2番目に大きい島だ。巨大な橋と海底トンネルで結ばれ、釜山市中心部から車で1時間ほど。そんな島が韓国トップの所得水準を誇ったのは、造船世界大手2社が主力の造船所を構えるためだ。

入り組んだ地形で天然の良港を持つ巨済島にサムスン重工業とハンファオーシャン(旧大宇造船海洋)の2大財閥の主力造船所がある。両社はともに2000年代から10年代前半にかけて日本の造船業界を苦しめた韓国3強の一角で、HD現代重工業と合わせて最盛期は世界の造船建造の半分以上を韓国勢が担っていた。

ただ、10年代半ばになると中国企業が急速に台頭。コンテナ船や、石炭や鉄鉱石を運ぶばら積み船の分野で、各地に造船所を整備した中国勢が急速にシェアを奪った。そのため韓国勢は液化天然ガス（LNG）運搬船などの高付加価値船にシフトしていった。

それでも中国の攻勢は強まる一方で、19年には中国造船首位だった中国船舶工業集団（CSSC）と、2位だった中国船舶重工集団（CSIC）が経営統合して「中国船舶集団（CSSC）」として出発し、韓国3社を一気に抜き去って世界首位に立った。

10年代半ばは造船不況と中国勢の攻勢が重なった時期でもあった。韓国造船3社は大規模なリストラを断行。韓国造船海洋プラント協会によると、造船業の労働者数は14年末の20万3000人から22年末に9万5000人に半減した。造船不況の後も各社はそれまでの安値受注分の解消に時間がかかり、23年12月期まで業績が低迷した。ようやく受注が上向いてきたものの、今度は人材不足で新規受注を受けられない事態に陥った。

韓国造船業復活に向けての打開策の1つが外国人労働者の活用だ。政府は23年に溶接工や塗装工といった技能労働者の労働ビザ要件を緩和し、東南アジアを中心に1万人規模の造船労働者を呼び込む政策に転換した。そのうち巨済島は過半数が定住する

財閥ハンファが大宇造船海洋を買収した（巨済市の主力造船所）
＝ハンファオーシャン提供

ことになる。

23年2月に巨済島を訪れると、外国人労働者の受け入れ準備が静かに始まっていた。サムスン重工業の高さ100メートルの巨大な門型クレーンを望む街の食料雑貨店「アジアDCマート」の女性店主は「インドネシアの人が好きなお菓子や乾麺をもっと増やさないとダメね」と話し、品ぞろえの拡充に頭を悩ませていた。東南アジアを中心とした輸入食品を扱う同店の品ぞろえは東南アジア各国から仕入れた調味料だけで200種を超える。東南アジアの多様な食文化を反映しながら、さらなる労働者の流入を見越して取扱商品の拡充を進める。

巨済島と近隣の島を管轄する人口約23

万人の巨済市では、23年の1年間で外国人居住者が22年末の2・5倍にあたる5000人規模に増えた。アジアDCマートでも買い出しに訪れる東南アジア系の客が目立つようになったという。

ソウル首都圏への人口一極集中が進み、ソウルから高速バスで約5時間かかる巨済島では韓国の若者が集まりにくい。韓国人の仕事が奪われるとして外国人のビザ発給拡大に強く反対してきた造船業界の労組も人手不足を深刻に捉え、外国人採用を認める方向に転換した。巨済市の行政サービスも手厚く、外国人労働者が集まりやすい環境は整った。

足元では造船業は活況だ。22年はロシアのウクライナ侵攻でLNG運搬船の需要が急増した。ロシアからパイプラインを通してLNGを陸路輸入していた欧州が、中東や東南アジアなどからの海上輸送に切り替え始めたためだ。高度な技術が必要なLNG運搬船は韓国勢が世界シェアの9割を握ってきた。ただ突然の需要増に対応する建造人員が足りない。HD現代重工業とサムスン重工業、ハンファオーシャンの大手3社は23年時点で2年先まで各建造ドックが受注で埋まっており、国を挙げて造船大国確立に動く中国に追加発注分が流れた。

調査会社の英クラークソン・リサーチによると、22年のLNG運搬船の発注量は21

年比で2・3倍に急増したという。そのうち約7割が韓国勢で、残りの約3割を中国勢が受注を獲得した。この受注をもとに中国勢は建造技術を蓄積する。ロシアのウクライナ侵攻が結果的に中国造船業の躍進につながっている。造船受注量で韓国は中国にじわじわと引き離されており、韓国勢が建造人員を拡充して反撃体制を築かなければ、日本の造船業のように一気にシェアを失う恐れもある。韓国を代表する「造船の島」は外国人を受け入れて中国に対抗しようとしている。

24年6月に京畿道華城市で発生した電池工場火災は、韓国製造業が外国人労働者頼みになっている実態を浮かび上がらせた。

リチウム電池の製造工場での火災で、在庫の3万5000個余りの電池に次々と引火して爆発、工場全体が全焼し逃げ遅れた従業員23人が死亡した。そのうち18人が中国人など外国人労働者だった。韓国メディアによると、電池工場など特殊な製品を扱う事業所では防災対応の指針があるものの非常口はふさがれており、外国語の安全マニュアルなどの不備も指摘されているという。

韓国政府は電池産業を「半導体に次ぐ国家基幹産業に育成する」との大方針のもとで中堅・中小企業の同分野への参入を促してきた。しかし、人口縮小と若者の大企業志向の逆風は強まるばかりで、造船業同様に外国人労働者のビザ緩和などの対応を進めてきた。ただ外国人労働者にとって労災時の保険などの各種手当は十分とはいえない。

23年12月当時の法相は「移民政策の是非を論じる段階ではなく、移民を受け入れなければ国家消滅を避けられそうにない」と語って外国人労働者受け入れのための法整備を急ぐ考えを示した。

政府は外国人活用の旗を振るものの、製造業全体で人材が充足しているとはいいがたい。そして地域ごとに外国人とのトラブルがたびたび話題にのぼり、地方自治体にとって外国人との共生も主要な課題に持ち上がる。製造業や建設業の現場はロボット活用による省人化などに取り組むものの、急速な労働人口の減少が輸出主導型の韓国経済の重い足かせとなっているのは間違いない。

黄昏の第2都市・釜山の現在地

韓国第2の都市といえば港湾都市、釜山。長崎県対馬市からわずか50キロメートルほどの、日本人にもなじみのある釜山市の人口減少が止まらない。1995年の

381万人をピークに、2021年は332万人に減少。高齢者比率も主要都市で最も高く、このままでは30年頃には「第2都市」の座を仁川市に明け渡す可能性がある。

日本人も多く訪れる釜山市の観光地「国際市場」。朝鮮戦争時の米軍の支援物質の取引から発展を遂げた500メートル四方ほどのエリアに1000を超える小規模店舗がひしめく。衣料品からバッグ、家庭用品、土産物まで幅広い商品が店先に並ぶ。この国際市場がある釜山市中区は韓国で最も高齢化が進む地域だ。加えて、設備の老朽化が進む中、新型コロナウイルス感染防止に伴う往来制限によって観光客も消え、閉店が増えた。

金物店を50年営む男性店主(70)は「コロナの影響も大きく、近隣の店舗もここ数年で売上高は半減した。長く一緒に商売してきた店主も最近、シャッターを閉めた」と嘆く。衣料品を扱う60代の男性店主は「釜山市には良質な働き口がない。仕事がなければ若者が出て行き、人口は減るばかり。うちの息子もソウルの大学に行ったきり戻ってこない」とあきらめ顔だ。

実際に釜山市に拠点を持つ大企業は少ない。売上高で見た釜山市の最大企業はルノーコリア自動車(旧ルノーサムスン自動車)。同社は20年の韓国企業の売上高ランキングで118位に順位を下げ、上位100社に入る釜山企業は一社もなくなった。若者の根強い大企業志向が、釜山の人口流出につながっている。

韓国では1970年代からの高度成長期に政府主導で地域開発・工場誘致が進んだ。ソウルと釜山を結ぶ「京釜高速道路」、鉄道の「京釜線」に沿う各都市に大企業の工場や研究開発拠点が立地する。その中で釜山市はアジア有数の港湾都市として物流業が発展。風光明媚な観光資源に恵まれて観光業も栄え、雇用者数も求人数も高水準だった。そのため政府としても釜山市には積極的に製造業を誘致してこなかった事情がある。

北隣の蔚山市は現代自動車やHD現代重工業が主力拠点を設け、西隣の昌原《チャンウォン》市はLG電子や斗山エナビリティーなどの工場が立地したことで雇用増、そして人口増の恩恵を受けてきた。

その一方で、釜山市では巨大クレーンや搬送ロボットの導入など港湾荷役作業の機械化によって雇用は減少。ホテルやレジャー、飲食店など相対的に賃金の低いサービス業が多いことも若者の流出を招いた。結果的に釜山市の人口は95年にピークを打って、25年余りで13%減少した。

縮小一辺倒からの転換を目指し、韓国政府は2009年に釜山市の国際金融都市構想を表明。政府系の韓国産業銀行の本社移転をはじめ、外資系金融機関を誘致する目

図7-2　釜山市の人口に仁川市が迫る

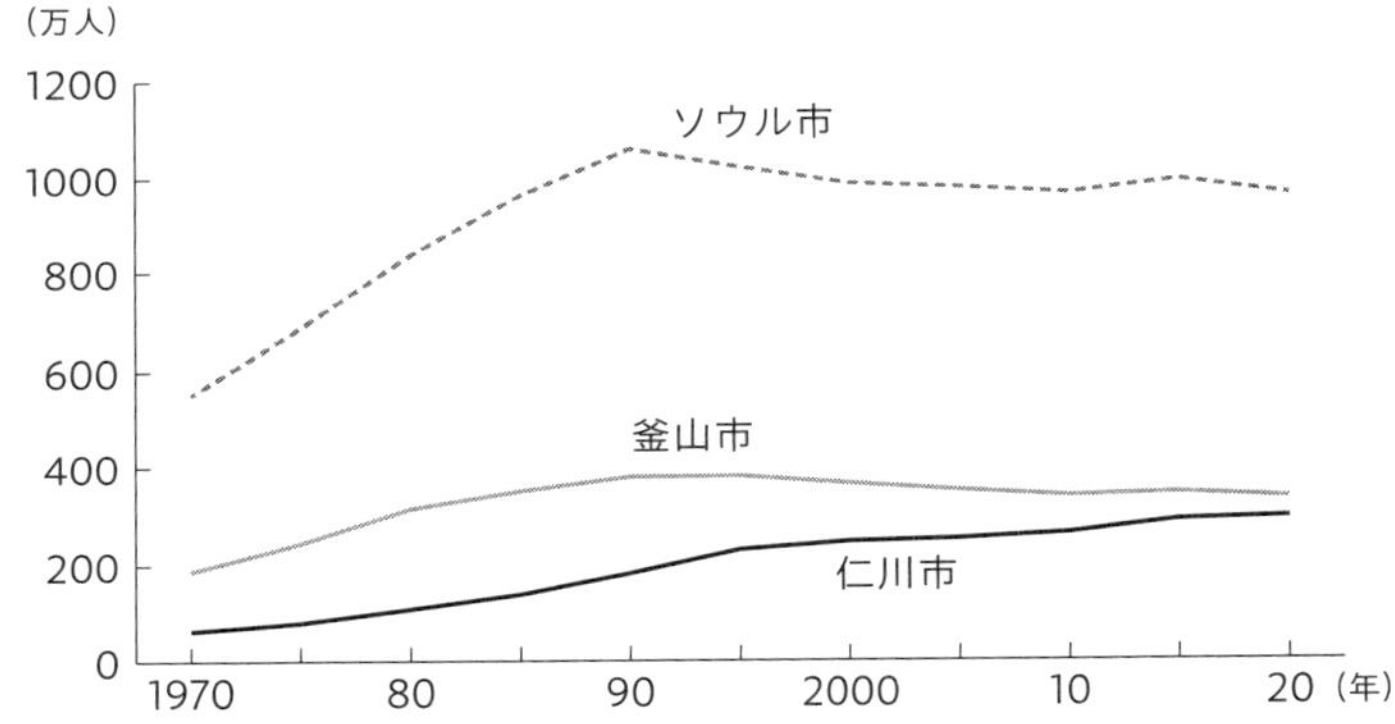

出所） 韓国統計庁

標を掲げた。ただ産業銀行の移転は労働組合が反対して進展せず、外資系金融の進出も停滞しているのが現状だ。

　釜山市は停滞打破の切り札として2030年の万博誘致に名乗りを上げた。同市は万博誘致によって61兆ウォン（約6兆1000億円）の経済効果、50万人の雇用を生むとそろばんをはじいた。同市経済政策課の金孝炅《キム・ヒョギョン》・経済企画チーム長は「万博の釜山開催はデジタル化、カーボンニュートラル（温暖化ガスの排出実質ゼロ）へと産業構造を転換する起爆剤となる。将来的に大都市のスマート産業基盤構築を主導できる」と期待を込めた。

　第3章でも言及したとおり、釜山市の認知度を高めるため、22年10月には世界的な人気を誇るK－POPアーティスト、BTSによる無料ライブを釜山市主催で開催。サムスンやSK、現代自動車、LGなど財閥大手のトップも誘致大使として自社がビジネスを手掛ける国や地域を巡って官民一体で誘致活動を繰り広げた。

しかし23年11月に決まった開催地はサウジアラビアのリヤドだった。25年の開催地が大阪だったことから2回連続で東アジアでの開催に難色を示されたほか、オイルマネーで潤うサウジアラビアと比べて開催規模や誘致予算で大きく水をあけられた。

釜山市は粘り強く、次の2035年の万博誘致に取り組む方針を示す。ただ裏を返せば、こうした巨大イベントの誘致のほかに現在の人口縮小を反転させるような手立てが見えていない焦りの表れでもある。人口増加が続く仁川市が背後に迫る中で「韓国第2都市」を維持できるのか。黄昏時を迎えた釜山市が経済の起爆剤を求めてもがく姿は、歴代の韓国政府が取り組んできた「国家均衡発展」の難しさを示している。

おわりに

「韓国にサムスンがなかったら」。こんな見出しの記事が2006年4月12日に日本経済新聞朝刊に掲載された。当時の定例コラム「地球回覧」でソウル支局長が執筆した。記事の趣旨はこうだ。サムスンは韓国経済の2割超を担う巨大財閥で存在感は圧倒的。サムスンがなければ他の財閥も存在したとは仮定しにくく、その場合は韓国の経済成長は進まずにGDPは現実の8分の1程度にとどまり、アジアでも途上国のままだった。「サムスン経営が揺らげば韓国経済全体が揺らぐ」との識者コメントで締めくくられている。

およそ20年たった今も、この「問い」は色あせていない。依然としてサムスングループは時価総額で韓国企業の3割を占め、創業者・李秉喆氏が興した多様な事業は拡大を続け、その存在感はさらに高まっている。サムスングループの急成長によって韓国の経済力は、記事掲載当時の2倍に拡大した。サムスン経営が揺らげば韓国経済が揺らぐとの指摘も、現在の韓国人の多くが同意するだろう。

実際に韓国からサムスンがなくなることは考えにくい。しかし、かつての圧倒的な競争力がじわりと薄れているのも事実だ。成長力を取り戻そうと、もがくサムスンの姿はかつて苦境に陥った日本の電機大手の姿に重なる。

素早く吸収したものは、素早く奪われてしまう――。日本からの技術移転によって急成長を遂げたサムスンが技術を奪われる側に回る。サムスンの場合、日本の電機大手が経験した衰退期よりもさらに短い期間で退潮していく可能性もある。なぜなら、国家を挙げてハイテク産業に巨額資金を注ぎ込む中国が背後に迫っているためだ。

サムスングループが迎えた試練、それは韓国国家の試練ともいえる。現在の事業構成のままでは中国企業にやがてのみ込まれてしまうリスクがある。10兆円を超える資金力を使って巨大財閥の針路を変えていけるか。サムスンの変革は韓国の産業構造の転換と同義でもある。創業家3代目の李在鎔会長がサムスンを次のステージに導けなければ、韓国経済が長期停滞期に陥ってしまう。そんなシナリオが現実味を帯びる。

留学期間を含む5年半の韓国生活で、私は外国にいるという感覚をほとんど持たなかった。人々の気質や生活様式、経済水準、食事など、文化的にも言語的にも日本と近い国だから、そう感じていたのだと思う。安全で便利、人々も穏やかで不自由なく過ごすことができた。
日本と最も近い国。それゆえに、現在の経済状況を目の当たりにして日本のような長期の経済停滞の入り口に立っているのではないかとも感じている。足元のサムスンの変調は、韓国経済の停滞入りのサインでもある。
その一方で、韓国と日本の決定的な違いは変化の速さだとも思う。「パリパリ（速く速く）文化」とも呼ばれる変化対応力こそが日本にはない韓国の強みだ。サムスンが、そして韓国経済が再び急速に変貌を遂げる姿を期待したい。

本書の出版にあたって多くの方の協力を得た。とりわけ日本経済新聞社ソウル支局の羅基榮《ナ・ギヨン》記者とは日々取材に駆け回ってともに記事を執筆した。鈴木壮太郎支局長、恩地洋介支局長、藤田哲哉支局長の3人からは取材・記事執筆にあたって的確な助言をいただいた。ソウル支局の甲原潤之介記者、松浦奈美記者がいてくれたおかげでたくさんの記事を読者に届けられた。孔元泳《コン・ウォンヨン》記者、安成福《アン・ソンボク》さん、李《イ》セボムさんらソウル支局の同僚に支えられて駐在期間を終えることができた。最後に日経新聞の同僚たちに深い感謝を伝えたい。

２０２４年12月

細川　幸太郎

参考文献（五十音順）

▼日本語書籍

『李健熙　サムスンの孤独な帝王』（李慶植著、福田恵介訳、東洋経済新報社、2011年）
『運命　文在寅自伝』（文在寅著、矢野百合子訳、岩波書店、2018年）
『韓国　葛藤の先進国』（内山清行著、日経プレミアシリーズ、2013年）
『韓国財閥のファミリービジネス』（髙沢修一著、財経詳報社、2020年）
『韓国財閥はどこへ行く』（玉置直司著、扶桑社、2012年）
『韓国人の歴史観』（黒田勝弘著、文春新書、1999年）
『韓国のグローバル人材育成力　超競争社会の真実』（岩渕秀樹著、講談社現代新書、2013年）
『韓国の憂鬱』（峯岸博著、日経プレミアシリーズ、2017年）
『サムスングループ　李健熙の言葉』（ミン・ユンギ編著、チョン・ウンスク訳、双葉社、2021年）
『サムスン経営を築いた男　李健熙伝』（洪夏祥著、宮本尚寛訳、日本経済新聞出版、2003年）
『サムスン帝国の光と闇』（ベ・ヨンホン著、旬報社、2012年）
『サムスンの決定はなぜ世界一速いのか』（吉川良三著、角川oneテーマ21、2011年）
『サムスンの真実　告発された巨大企業』（金勇澈著、藤田俊一監修、金智子訳、バジリコ、2012年）
『人材を育てるホンダ　競わせるサムスン』（佐藤登著、日経BP、2014年）
『日本依存から脱却できない韓国』（佐々木和義著、新潮新書、2022年）

『浦項製鐵の建設回顧録　韓国への技術協力の記録』（ヨボセヨ会編、ヨボセヨ会、１９９７年）

▼韓国語書籍

『李健熙、洪羅喜、コレクション』（ソン・ヨンオク著、子音と母音出版、２０２３年）

『経済思想家 李健熙』（ホ・ムンミョン著、東亜日報社、２０２１年）

『高等学校　韓国史』（東亜出版編、２０２２年）

『三星50年史（社史）』（サムスン）

『三星電子20年史（社史）』（サムスン）

『サムスン家の人々の話』（イ・チェユン著、ソンアンブックス、２０１４年）

『湖巌自伝』（李秉喆著、ナナム出版、２０１４年）

▼英語書籍

Geoffrey Cain, *SAMSUNG RISING : The Inside Story of the South Korean Giant That Set Out to Beat Apple and Conquer Tech* (Crown Currency, 2020).

日々、情報源としてきた朝日新聞、読売新聞、毎日新聞、産経新聞、東京新聞、ＮＨＫといった日本メディアの報道を参考にしたほか、朝鮮日報、東亜日報、中央日報、韓国経済新聞、毎日経済新聞、ハンギョレ、聯合ニュースといった韓国メディアの報道も参考にしている。

【著者紹介】

細川幸太郎（ほそかわ・こうたろう）
日本経済新聞社編集局ビジネス報道ユニット記者。2007年に日本経済新聞社に入社。幅広い産業を取材。19年から4年半ソウル支局特派員としてサムスン電子はじめ韓国経済を担当。24年4月から現職。

サムスンは生き残れるか
逆境の韓国経済

2025年1月9日　1版1刷

著者	細川幸太郎
	©Nikkei Inc., 2025
発行者	中川ヒロミ
発行	株式会社日経BP 日本経済新聞出版
発売	株式会社日経BPマーケティング 〒105-8308　東京都港区虎ノ門4-3-12
カバーデザイン	川添英昭
本文DTP	マーリンクレイン
印刷・製本	三松堂

ISBN978-4-296-12071-0　Printed in Japan